3·1 운동의 배꽃, 유관순

세종학연구원은 세종대왕의 정신을 이어받아
겨레문화 발전을 위하여 연구 출판 사업을 하는 곳으로
누구나 함께 할 수 있습니다.

3·1 운동의 배꽃, 유관순

2011년 7월 15일 초판인쇄
2011년 7월 17일 초판발행

기획 : 세종학연구원
원작 : 장종현
만화글 : 박은화, 김주찬
만화그림 : 팽현준
펴낸이 : 박은화
펴낸데 : 세종학연구원

주소 : 서울특별시 마포구 동교동 201-50호
전화 : 02-326-0221
팩스 : 02-326-0178
전자우편 : sejongpress@gmail.com
등록번호 : 제313-2007-000053호
등록일 : 2007. 2. 27.

편집 : 이임
교정·교열 : 이엽·박광순
감수 : 백석대학교 유관순연구소
제작 : 박은화
디자인 : 정미영
인쇄 : (주)신영프린팅

ⓒ 세종학연구원, 2011

보급권소유 세종학연구원
◎이 책은 (사)류관순열사기념사업회의 보조금을 지원 받아 제작되었습니다.
◎이 책의 무단 전재와 무단복제를 금지합니다.

ISBN 978-89-959405-4-9 47990

간 행 사

올해는 유관순 열사가 순국한 지 91돌이 되는 해로서 기미 3·1 운동이 일어난 지 92돌이 되는 해이기도 합니다.

백석대학교 "유관순연구소"는 지난 2010년 초에 유관순 열사 순국 90돌을 맞이하여 열사의 전기 만화 출판을 기획하고, 이의 출판에 따른 모든 작업을 우리 연구원에 의뢰하였으므로 우리 연구원은 유관순연구소로부터 장종현 박사님이 집필한 동화 원고 초고를 받고, 이를 참고하여 제작 발간하고자 만화글 작성자, 만화그림 작가를 선정하여 작업을 진행하였는바, 착수한 지 1년 3개월 만에 전기 역사 만화 출판 작업이 완료되어 『3·1 운동의 배꽃, 유관순』이란 제목으로 상재하게 되었습니다.

그리고 금년은 유관순 열사의 나이 110세 되는 해입니다.

겨레가 낳은 열사 유관순은 1902년 12월 16일 태어나 이화학당에 재학 중이던 18세 되던 해인 1919년 3월 1일 기미 3·1 독립운동에 참여하였고, 그 해 4월 1일 고향인 아우내 만세 운동에 참여했다가 일본 헌병대에 붙잡혀 서울 서대문감옥에서 옥중생활을 하다가 악형과 난장을 당해 다음해인 1920년 9월 28일 순국한 열사로서 우리 청소년들이 가장 존경하는 애국 열사이십니다.

이러한 위대한 유관순 열사의 전기 역사 만화를 엮어 발행함에 있어 출판이 되도록 지원하여 주시고 추천의 말씀을 해 주신 류관순열사기념사업회 류근창 회장님과 이 책의 동화 원고 초고를 지어 주신 장종현 박사님, 여러 자료를 마련하여 주시고 감수하여 주신 유관순연구소와 박충순 소장님, 본인과 함께 만화글로 만들어 주신 김주찬님, 만화를 예쁘게 그려주신 팽현준 만화작가님께 감사드리고, 독립 선언문을 현대말로 풀이하여 주신 박종국 박사님께도 감사드립니다.

2011년 7월 17일 제헌절 날
세종학연구원 대표 박은화

머리말

지금으로부터 92년 전, 1919년 3월 1일은 우리 겨레가 독립을 위해 각지에서 손에 손에 태극기를 들고 만세를 외쳤던 날입니다. 유관순 열사도 3·1 운동에 참여하여 만세를 외쳤습니다. 4월 1일, 고향 아우내에서 만세 운동을 벌이다가 일경에 붙잡혀 그 다음해 열아홉의 꽃다운 나이에 옥중에서 목숨을 잃고 말았습니다.

유관순 열사는 3·1 운동의 꽃으로, 나라와 겨레를 위해 불꽃처럼 살다간 우리 겨레가 낳은 위대한 분입니다. 바로 우리 청소년들이 가장 존경하고 사랑하는 분이기도 합니다.

올해는 유관순 열사가 태어나신 지 110주년이 되는 해이기도 합니다. 필자는 유관순 열사 나이 110세를 맞이하여 류관순열사기념사업회와 세종학연구원의 협조로 전기 만화 『3·1 운동의 배꽃, 유관순』을 펴내기로 하고, 전기 만화 제작을 위한 동화 원고 초고를 작성하였습니다.

그동안 우리나라에 100여 종의 전기물이 출간되었으나, 유관순의 생년월일, 순국월일, 성품, 이화 학당에서의 생활, 아우내 만세 운동에서의 역할, 공주지방법원에서 받은 형량 등이 사실과 많이 다름을 발견하였습니다.

그래서 보다 정확한 내용의 전기집과 전기 만화를 만들어 유관순 열사의 애국 애족의 정신을 기리고, 이를 계승하여야 한다고 생각하였습니다. 그동안 유관순연구소가 새롭게 밝힌 자료를 바탕으로 하여 세종학연구원에서 전기 만화를 제작하였으므로, 그 어느 전기물보다도 가장 정확한 내용을 담은 전기 만화책이라고 생각합니다.

유관순 열사는 남달리 훌륭한 인물이었다기보다는 평범하나 따뜻한 인간미를 지닌 여학생이었습니다. 성장하면서 부모님과 선생님의 가르침, 신앙 생활, 본인의 노력으로 점점 바른 가치관과 굳은 신념을 갖게 되었고, 나라와 겨레를 사랑하는 마음을 키웠습니다. 또한 극복하기 어려운 일에 대한 좌절감, 갈등, 고민을 만나게 되면 신앙 생활에서 습관화된 기도를 통해 해결하려 하였습니다.

이 전기 만화를 통해 많은 학생들이 유관순 열사가 우리 민족사에 남긴 영원한 발자취를 진한 감동과 함께 마음 깊이 새길 수 있게 되기를 바랍니다. 그리고 유 열사의 나라와 겨레를 위한 봉사와 희생 정신을 잘 이어받아, 우리나라와 겨레, 나아가 인류 평화에 도움이 되는 반듯한 사람으로 자랐으면 좋겠습니다.

이 책이 출판되기까지 물심양면으로 도와 주신 류관순열사기념사업회 류근창 회장님과 만화 제작과 구성 편집 출판 일체를 도맡아 애써 주신 세종학연구원 박은화 대표님께 감사를 드립니다.

2011년 7월 17일 제헌절에
원저자 장종현 적음

추천의 글

　유관순 열사의 업적 선양을 위해 힘써 온 우리 류관순열사기념사업회에서 이번에 출간하는 만화전기 『3·1 운동의 배꽃, 유관순』이 널리 읽혀지기를 바랍니다.
　1947년에 발족한 우리 기념사업회는, 그동안 유관순 열사의 나라 사랑의 정신을 기리기 위하여 '아우내 독립기념비' 건립, 동상 건립, 생가 복원, 추모각 건립, 표준 영정 봉헌 등의 일을 해 왔습니다.
　특히, 2000년 백석대학교에 유관순연구소가 설립되면서, 서로 힘을 모아 유관순 열사에 대한 학술적 작업과 새로 찾아낸 각종 자료 및 유관순 열사의 친구 남동순 여사와 보각 스님의 인터뷰를 통해 그동안 잘못 알려져 왔던 출생연월일, 순국일, 형량, 어렸을 때의 성장 모습, 이화학당 재학 시절의 모습 등의 전기적 사실들을 바로 잡았습니다.
　2010년 7월, 그동안 밝혀진 사실들을 바탕으로 『독립을 향한 당당한 외침, 유관순이야기』를 발간하여 독자들로부터 좋은 평을 받았으며, 이를 영어와 일본어로도 번역하여 출판하였습니다.
　이번에 세종학연구원이 펴내는 만화전기 『3·1 운동의 배꽃, 유관순』도 백석대학교 유관순연구소의 연구 결과에 바탕을 두었으므로, 그 내용에 있어서는 가장 사실적이라 말할 수 있습니다. 그동안 『그림으로 보는 성경만화』, 『성왕 세종』, 『적과 흑』 등을 그린 만화가 팽현준님이 정성을 다해 그리기도 하였을 뿐만 아니라, '만화'가 갖는 시각성·간결성 등과 같은 특성을 통해 누구나 재미있고 쉽게 유관순 열사에 대해 이해할 수 있으리라 믿습니다.
　그러므로 이 만화를 읽는 대상을 초등학생이라 하였지만, 유관순 열사가 어떤 분이고, 3·1 운동은 왜 일어났으며, 어떻게 확산되었는지, 진정한 애국·애족이 무엇인지, 열사로부터 우리가 배워야 할 리더십이 무엇인지를 이해하기 위해서 누구나 한번쯤은 읽어 주었으면 하는 마음에서 이 책을 권합니다.

2011년 7월 17일 제헌절에
사단법인 류관순열사기념사업회 회장 류근창

차 례

간행사 ··· 5
머리말 ··· 6
추천의 글 ··· 7

기미독립 선언서 풀이 ·· 10
기미독립 선언서 원문 ·· 13
삼일 운동 ··· 16

3·1 운동의 배꽃, 유관순 ·· 23
    고종 임금 ·· 32
    태극기 변천사 ··· 33

1장 잔다르크를 좋아한 아이 ·· 34
    유관순 열사의 가족들 Ⅰ ··· 57
        1. 유우석

2장 이화학당 시절 ·· 58
    이화학당 시절 유관순 열사의 스승들 Ⅰ ······························· 88
        1. 하란사 2. 프라이
    "우리나라는 마치 이 불 꺼진 등잔 같이 어둡습니다." ············ 90
    유관순 열사와 관련된 선교사들 ··· 91
        1. 케이블 2. 엘리스 샤프

3장 첫 번째 만세운동 ··· 92
    유관순 열사와 관련된 기독교 인물들 ································· 114
        1. 손정도 2. 김종우 3. 이필주 4. 박동완 5. 박희도

4장 하나님! 이 나라 백성들을 불쌍히 여겨 주옵소서 118
이화학당 시절 유관순 열사의 친구들 146
1. 서명학 2. 남동순 3. 이정수

5장 아우내 장터 148
유관순 열사의 가족들 Ⅱ 170
1. 유중권 2. 이소제 3. 유중무 4. 유예도 5. 조인원

6장 나라가 없는 이 땅은 어디를 가도 감옥 172
이화학당 시절 유관순 열사의 스승들 Ⅱ 188
1. 쟈네트 A. 월터 2. 김현경 3. 박인덕 4. 김활란

7장 마지막 만세 190
유관순 열사와 함께하는 역사 속으로 202
1. 이화학당 2. 서대문형무소

유관순 노래 204

소녀의 기도 205
유관순 열사 해적이 206
한 번에 읽는 유관순 열사의 생애 212

참고문헌 216

기미독립 선언서

박종국 풀이

　우리들은 여기에 우리 조선이 독립된 나라임과 조선 사람이 자주 국민임을 선언하노라. 이로써 세계만방에 알리어 인류 평등의 큰 의를 잘 밝히며, 이로써 자손 만대에 가르치어 겨레 자존의 바른 권리를 영원히 갖게 하노라.

　반만 년 역사의 권위를 기대여 이를 선언함이며, 이천만 민중의 충성을 모아 이를 널리 밝힘이며, 겨레의 항구 여일한 자유 발전을 위하여 이를 주장함이며, 인류다운 양심의 발로에 기인한 세계 개조의 큰 기운에 순응 함께 나가기 위하여 이를 제기함이니, 이것은 하늘의 명령이며, 시대의 큰 정세이며, 전 인류가 공존하고 동생하는 권리의 정당한 발동이므로, 온 세상의 어떠한 무리라도 이를 막아 그치게 하지 못할 것이니라.

　옛 시대의 유물인 침략주의, 강권주의의 희생을 비롯하여, 역사가 생긴 이래 여러 천년에 처음으로 다른 겨레 억제의 고통을 겪은 지 이제 십 년이 지난지라. 우리 생존권의 상실됨이 무릇 얼마이며, 심령상 발전에 장애 됨이 무릇 얼마이며, 겨레다운 존엄과 영예의 훼손됨이 무릇 얼마이며, 새롭게 빼어난 힘과 독창으로써 세계 문화의 큰 조류에 기여하고 보조할 기회를 잃어버림이 무릇 얼마인가.

　아아 슬프도다. 예부터의 억울을 드러내어 펴려 하면, 요즈음의 고통을 벗어나려 하면, 앞으로의 위협을 없애 버리려 하면, 겨레다운 양심과 국가적인 도리의 압축 소잔을 흥분 신장하려 하면, 각자 인격의 정당한 발달을 이루려 하면, 사랑스런 자제에게 괴롭고 부끄러운 재산을 물려주지 아니 하려 하면, 자자손손에게 영구하고 완전한 경사와 복을 끌어 누리도록 하려 하면, 가장 큰 급한 일이 겨레다운 독립을 확실하게 함이니, 이천만 각자가 사람마다 마음속의 칼날을 품고, 인류 공통의 성품과 시대 양심이 정의의 군사와 인도의 무기로써 원호하는 오늘, 우리는 나아가 취하매 어떠한 힘을 꺾지 못하랴. 물러나서 일을 세움에 어떠한 뜻을 펴지 못하랴.

　병자수호조약 이래 시시때때로 굳게 맺은 약속을 어겼다 하여 일본의 신의가 없음을 탓하려 하지 아니 하노라. 학자는 강단에서, 정치가는 실제에서, 우리 조종 세업을 식민지의 것으로 보고, 우리 문화 민족을 야만인

의 대우를 하여, 한갓 정복자의 쾌감을 탐할 뿐이요, 우리의 구원한 사회 기초와 탁월한 겨레의 심리를 무시한다 하여 일본의 작은 의를 책망하려 하지 아니 하노라. 자기를 책려하기에 바쁜 우리는 남을 원구할 틈을 갖지 못하노라. 현재를 자세하게 준비하기에 바쁜 우리는 얼마 지난 옛날의 일을 응징하고 잘못을 따져 밝힐 틈도 갖지 못하노라.

오늘 우리의 소임은 다만 자기의 건설이 있을 뿐이요, 결코 남의 파괴에 있지 아니 하도다. 엄숙한 양심의 명령으로써 자기의 새 운명을 개척함이요, 결코 묵은 원한과 일시적 감정으로써 남을 시기하여 내쫓고 배척함이 아니로다. 낡은 사상, 낡은 세력에 얽매인 일본 위정자의 공명다운 희생이 된, 부자연, 또 불합리한 착각으로 인한 잘못된 상태를 바로잡아 고쳐서, 자연, 또 합리한 바른길과 큰 원칙으로 되돌아오게 함이로다.

애초에 겨레다운 요구로서 나오지 아니한 두 나라 병합의 결과가, 결국에는 위압으로 이루려는 임시방편과 차별적 불평과, 거짓 꾸민 통계 숫자에 의거하여 이해가 서로 다른 두 겨레 사이에 영원히 함께 화합할 수 없는 원한의 불화를 갈수록 더욱 깊게 만드는 지금까지의 실적을 살피어 보라. 용감하고 명민한 결단성으로써 묵은 잘못을 바로잡아 고치고, 진정한 이해와 동정에 근본한 우호적인 새로운 국면을 마련함이 서로 사이에 화를 쫓고 복을 불러들이는 지름길임을 명확하게 알아야 할 것이 아닌가.

또 분함과 원한을 품은 이천만 겨레를 위력으로 구속함은 다만 동양의 영구한 평화를 보장하는 까닭이 아닐 뿐 아니라, 이로 인하여 동양의 편안함과 위태함을 좌우하는 중심나라인 지나의 사억만 인민이 일본에 대한 두려움과 시기하고 의심함을 갈수록 짙어지게 하여, 그 결과로 동양 전체의 판국이 함께 넘어지고 같이 망함의 비운을 불러 이르게 할 것이 분명하니, 오늘 우리의 조선 독립은 조선 사람으로 하여금 정당한 생영을 이루게 하는 동시에 일본으로 하여금 그릇된 길에서 벗어나, 동양을 위해 힘쓰는 자인 중책을 온전히 이루게 하는 것이며, 지나로 하여금 꿈 속에서도 면하지 못하는 불안, 공포로부터 빠져 나오게 하는 것이며, 또 동양 평화로써 그 중요한 일부를 삼는 세계 평화, 인류 행복에 필요한 차례가 되게 하는 것이라. 이것이 어찌 구구한 감정상의 문제이리오.

아아, 새 세상이 눈앞에 열려서 펼쳐지도다. 위력의 시대가 가고 도의의 시대가 왔도다. 지나간 온 세기에 갈고 닦아 키어온 인도적 정신이 바야흐로 새 문명의 서광을 인류의 역사에 쏘아 비추기 시작하도다. 새 봄이 세계에 돌아와 만물의 소생을 재촉하는도다. 얼어붙은 얼음과 차가운 눈에 호흡을 폐칩한 것이 저 한때의 형세라 하면, 화창한 바람과 따스한 햇볕에 원기와 혈맥을 떨쳐서 펴는 것은 이 한때의 형세이니, 하늘과 땅에 되돌아오는 시운에 접하고, 세계의 변하는 조류를 탄 우리는 아무 주저할 것 없으며, 아무 거리낄 것 없도다. 우리의 고유한 자유권을 완전하도록 보호하여 풍성한 삶의 즐거움을 흡족하게 누릴 것이며, 우리의 만족한 독창력을 발휘하여 봄기운이 가득한 온 누리에 겨레다운 정화를 얽어 맺게 할지로다.

우리들이 이에 떨쳐 일어나도다. 양심이 우리와 함께 있으며, 진리가 우리와 함께 나아가는도다. 남자·여자·나이든 사람·젊은 사람 할 것 없이 음침하고 쓸쓸한 낡은 옛 집으로부터 생기 있고 시원스럽게 일어나 와서

세상만물의 형상과 더불어 기쁘고도 유쾌한 부활을 이루어 내게 되도다. 천만세 조상의 영혼이 우리들을 보이지 않게 도우며, 온 세계의 기운이 우리들을 밖에서 보호하나니, 손을 대는 것이 곧 성공이라. 다만, 앞의 광명으로 곧장 기운차게 나아갈 따름이도다.

공약삼장

하나. 오늘 우리의 이 거사는 정의, 인도, 생존, 존영을 위하는 겨레다운 요구이니, 오직 자유스런 정신을 발휘할 것이요, 결코 배타적인 감정으로 일주하지 말라.
하나. 최후의 한 사람까지, 최후의 일각까지 겨레의 정당한 의사를 쾌히 발표하라.
하나. 온갖 행동은 가장 질서를 존중하여, 우리의 주장과 태도를 어디까지나 광명정대하게 하라.

조선 건국 사천이백오십이년 삼월 일일

조선 민족 대표
손병희 길선주 이필주 백용성 김완규
김병조 김창준 권동진 권병덕 나용환
나인협 양전백 양한묵 유여대 이갑성
이명룡 이승훈 이종훈 이종일 임예환
박준승 박희도 박동완 신홍식 신석구
오세창 오화영 정춘수 최성모 최　린
한용운 홍병기 홍기조

기미독립 선언서(己未獨立宣言書) 원문

선언서(宣言書)

오등(吾等)은 자(玆)에 아(我) 선조(鮮朝)의 독립국(獨立國)임과 조선인(朝鮮人)의 자주민(自主民)임을 선언(宣言)하노라. 차(此)로써 세계만방(世界萬邦)에 고(告)하야 인류 평등(人類平等)의 대의(大義)를 극명(克明)하며, 차(此)로써 자손 만대(子孫萬代)에 고(誥)하야 민족 자존(民族自存)의 정권(政權)을 영유(永有)케 하노라.

반만년(半萬年) 역사(歷史)의 권위(權威)를 장(仗)하야 차(此)를 선언(宣言)함이며, 이천만(二千萬) 민중(民衆)의 성충(誠忠)을 합(合)하야 차(此)를 포명(佈明)함이며, 민족(民族)의 항구 여일(恒久如一)한 자유 발전(自由發展)을 위(爲)하야 차(此)를 주장(主張)함이며, 인류적(人類的) 양심(良心)의 발로(發露)에 기인(基因)한 세계 개조(世界改造)의 대기운(大機運)에 순응 병진(順應幷進)하기 위(爲)하야 차(此)를 제기(提起)함이니, 시(是)ㅣ 천(天)의 명명(明命)이며, 시대(時代)의 대세(大勢)ㅣ며, 전 인류(全人類) 공존 동생권(共存同生權)의 정당(正當)한 발동(發動)이라, 천하 하물(天下何物)이던지 차(此)를 저지 억제(沮止抑制)치 못할 지니라.

구시대(舊時代)의 유물(遺物)인 침략주의(侵略主義), 강권주의(强權主義)의 희생(犧牲)을 작(作)하야 유사 이래(有史以來) 누천 년(累千年)에 처음으로 이민족(異民族) 겸제(箝制)의 통고(痛苦)를 상(嘗)한 지 금(今)에 십 년(十年)을 과(過)한지라. 아(我) 생존권(生存權)의 박상(剝喪)됨이 무릇 기하(幾何)ㅣ며, 심령상(心靈上) 발전(發展)의 장애(障礙)됨이 무릇 기하(幾何)ㅣ며, 민족적(民族的) 존영(尊榮)의 훼손(毀損)됨이 무릇 기하(幾何)ㅣ며, 신예(新銳)와 독창(獨創)으로써 세계 문화(世界文化)의 대조류(大潮流)에 기여 보비(寄與補裨)할 기연(機緣)을 유실(遺失)함이 무릇 기하(幾何)ㅣ뇨.

희(噫)라, 구래(舊來)의 억울(抑鬱)을 선창(宣暢)하려 하면, 시하(時下)의 고통(苦痛)을 파탈(擺脫)하려 하면, 장래(將來)의 협위(脅威)를 삼제(芟除)하려 하면, 민족적(民族的) 양심(良心)과 국가적(國家的) 염의(廉義)의 압축 소잔(壓縮銷殘)을 흥분 신장(興奮伸張)하려 하면, 각개(各個) 인격(人格)의 정당(正當)한 발달(發達)을 수(遂)하려 하면, 가련(可憐)한 자제(子弟)에게 고치적(苦恥的) 재산(財産)을 유여(遺與)치 안이 하려 하면, 자자손손(子子孫孫)의 영구 완전(永久完全)한 경복(慶福)을 도영(導迎)하려 하면, 최대 급무(最大急務)가 민족적(民族的) 독립(獨立)을 확실(確實)케 함이니, 이천만(二千萬) 각개(各個)가 인(人)마다 방촌(方寸)의 인(刃)을 회(懷)하고, 인류 통성(人類通性)과 시대 양심(時代良心)이 정의(正義)의 군(軍)과 인도(人道)의 간과(干戈)로써 호원(護援)하는 금일(今日), 오인(吾人)은 진(進)하야 취(取)하매 하강(何强)을 좌(挫)치 못하랴.

퇴(退)하야 작(作)하매 하지(何志)를 전(展)치 못하랴.

　병자수호조규(丙子修好條規) 이래(以來) 시시 종종(時時種種)의 금석 맹약(金石盟約)을 식(食)하얏다 하야 일본(日本)의 무신(無信)을 죄(罪)하려 안이 하노라. 학자(學者)는 강단(講壇)에서, 정치가(政治家)는 실제(實際)에서, 아(我) 조종 세업(祖宗世業)을 식민지시(植民地視)하고, 아(我) 문화 민족(文化民族)을 토매인우(土昧人遇)하야, 한갓 정복자(征服者)의 쾌(快)를 탐(貪)할 쑨이오, 아(我)의 구원(久遠)한 사회 기초(社會基礎)와 탁락(卓犖)한 민족 심리(民族心理)를 무시(無視)한다 하야 일본(日本)의 소의(少義)함을 책(責)하려 안이 하노라. 자기(自己)를 책려(策勵)하기에 급(急)한 오인(吾人)은 타(他)의 원우(怨尤)를 가(暇)치 못하노라. 현재(現在)를 주무(綢繆)하기에 급(急)한 오인(吾人)은 숙석(宿昔)의 징변(懲辯)을 가(暇)치 못하노라.

　금일(今日) 오인(吾人)의 소임(所任)은 다만 자기(自己)의 건설(建設)이 유(有)할 쑨이오, 결(決)코 타(他)의 파괴(破壞)에 재(在)치 안이 하도다. 엄숙(嚴肅)한 양심(良心)의 명령(命令)으로써 자가(自家)의 신운명(新運命)을 개척(開拓)함이오, 결(決)코 구원(舊怨)과 일시적(一時的) 감정(感情)으로써 타(他)를 질축 배척(嫉逐排斥)함이 안이로다. 구사상(舊思想), 구세력(舊勢力)에 기미(羈縻)된 일본(日本) 위정가(爲政家)의 공명적(功名的) 희생(犧牲)이 된, 부자연(不自然), 우(又) 불합리(不合理)한 착오 상태(錯誤狀態)를 개선 광정(改善匡正)하야, 자연(自然), 우(又) 합리(合理)한 정경 대원(正經大原)으로 귀환(歸還)케 함이로다.

　당초(當初)에 민족적(民族的) 요구(要求)로서 출(出)치 안이한 양국 병합(兩國倂合)의 결과(結果)가, 필경(畢竟) 고식적(姑息的) 위압(威壓)과 차별적(差別的) 불평(不平)과 통계 수자상(統計數字上) 허식(虛飾)의 하(下)에서 이해 상반(利害相反)한 양(兩) 민족간(民族間)에 영원(永遠)히 화동(和同)할 수 업는 원구(怨溝)를 거익 심조(去益深造)하는 금래 실적(今來實積)을 관(觀)하라. 용명 과감(勇明果敢)으로써 구오(舊誤)를 확정(廓正)하고, 진정(眞正)한 이해(理解)와 동정(同情)에 기본(基本)한 우호적(友好的) 신국면(新局面)을 타개(打開)함이 피차간(彼此間) 원화 소복(遠禍召福)하는 첩경(捷徑)임을 명지(明知)할 것 안인가.

　또 이천만(二千萬) 함분 축원(含憤蓄怨)의 민(民)을 위력(威力)으로써 구속(拘束)함은 다만 동양(東洋)의 영구(永久)한 평화(平和)를 보장(保障)하는 소이(所以)가 안일 쑨 안이라, 차(此)로 인(因)하야 동양 안위(東洋安危)의 주축(主軸)인 사억만(四億萬) 지나인(支那人)의 일본(日本)에 대(對)한 위구(危懼)와 시의(猜疑)를 갈스록 농후(濃厚)케 하야, 그 결과(結果)로 동양(東洋) 전국(全局)이 공도 동망(共倒同亡)의 비운(悲運)을 초치(招致)할 것이 명(明)하니, 금일(今日) 오인(吾人)의 조선 독립(朝鮮獨立)은 조선인(朝鮮人)으로 하야금 정당(正當)한 생영(生榮)을 수(遂)케 하는 동시(同時)에 일본(日本)으로 하야금 사로(邪路)로서 출(出)하야 동양(東洋) 지지자(支持者)인 중책(重責)을 전(全)케 하는 것이며, 지나(支那)로 하야금 몽매(夢寐)에도 면(免)하지 못하는 불안(不安), 공포(恐怖)로서 탈출(脫出)케 하는 것이며, 또 동양 평화(東洋平和)로 중요(重要)한 일부(一部)를 삼는 세계 평화(世界平和), 인류 행복(人類幸福)에 필요(必要)한 계단(階段)이 되게 하는 것이라. 이 엇지 구구(區區)한 감정상(感情上) 문제(問題)ㅣ리오.

　아아, 신천지(新天地)가 안전(眼前)에 전개(展開)되도다. 위력(威力)의 시대(時代)가 거(去)하고 도의(道義)의 시대(時代)가 내(來)하도다. 과거(過去) 전세기(全世紀)에 연마 장양(鍊磨長養)된 인도적(人道的) 정신(精神)이 바야흐로 신문명(新文明)의 서광(曙光)을 인류(人類)의 역사(歷史)에 투사(投射)하기 시(始)하도다. 신

춘(新春)이 세계(世界)에 내(來)하야 만물(萬物)의 회소(回蘇)를 최촉(催促)하는도다. 동빙 한설(凍氷寒雪)에 호흡(呼吸)을 폐칩(閉蟄)한 것이 피일시(彼一時)의 세(勢)ㅣ라 하면 화풍 난양(和風暖陽)에 기맥(氣脈)을 진서(振舒)함은 차일시(此一時)의 세(勢)ㅣ니, 천지(天地)의 복운(復運)에 제(際)하고 세계(世界)의 변조(變潮)를 승(乘)한 오인(吾人)은 아모 주저(躊躇)할 것 업스며, 아모 기탄(忌憚)할 것 업도다. 아(我)의 고유(固有)한 자유권(自由權)을 호전(護全)하야 생왕(生旺)의 낙(樂)을 포향(飽享)할 것이며, 아(我)의 자족(自足)한 독창력(獨創力)을 발휘(發揮)하야 춘만(春滿)한 대계(大界)에 민족적(民族的) 정화(精華)를 결뉴(結紐)할지로다.

오등(吾等)이 자(玆)에 분기(奮起)하도다. 양심(良心)이 아(我)와 동존(同存)하며 진리(眞理)가 아(我)와 병진(幷進)하는도다. 남녀노소(男女老少) 업시 음울(陰鬱)한 고소(古巢)로서 활발(活潑)히 기래(起來)하야 만휘군상(萬彙群象)으로 더부러 흔쾌(欣快)한 부활(復活)을 성수(成遂)하게 되도다. 천백세(千百世) 조령(祖靈)이 오등(吾等)을 음우(陰佑)하며 전세계(全世界) 기운(氣運)이 오등(吾等)을 외호(外護)하나니, 착수(着手)가 곳 성공(成功)이라. 다만, 전두(前頭)의 광명(光明)으로 맥진(驀進)할 따름인뎌.

공약삼장(公約三章)

一. 금일(今日) 오인(吾人)의 차거(此擧)는 정의(正義), 인도(人道), 생존(生存), 존영(尊榮)을 위(爲)하는 민족적(民族的) 요구(要求)ㅣ니, 오즉 자유적(自由的) 정신(精神)을 발휘(發揮)할 것이오, 결(決)코 배타적(排他的) 감정(感情)으로 일주(逸走)하지 말라.
一. 최후(最後)의 일인(一人)까지, 최후(最後)의 일각(一刻)까지 민족(民族)의 정당(正當)한 의사(意思)를 쾌(快)히 발표(發表)하라.
一. 일체(一切)의 행동(行動)은 가장 질서(秩序)를 존중(尊重)하야, 오인(吾人)의 주장(主張)과 태도(態度)로 하야금 어대까지던지 광명정대(光明正大)하게 하라.

조선 건국(朝鮮建國) 사천이백오십이년(四千二百五十二年) 삼월(三月)   일(日)

조선 민족 대표(朝鮮民族代表)
손병희(孫秉熙) 길선주(吉善宙) 이필주(李弼柱) 백용성(白龍城) 김완규(金完圭)
김병조(金秉祚) 김창준(金昌俊) 권동진(權東鎭) 권병덕(權秉悳) 나용환(羅龍煥)
나인협(羅仁協) 양전백(梁甸伯) 양한묵(梁漢黙) 유여대(劉如大) 이갑성(李甲成)
이명룡(李明龍) 이승훈(李昇薰) 이종훈(李鍾勳) 이종일(李鍾一) 임예환(林禮煥)
박준승(朴準承) 박희도(朴熙道) 박동완(朴東完) 신홍식(申洪植) 신석구(申錫九)
오세창(吳世昌) 오화영(吳華英) 정춘수(鄭春洙) 최성모(崔聖模) 최린(崔麟)
한용운(韓龍雲) 홍병기(洪秉箕) 홍기조(洪基兆)

삼일 운동(三一運動)

박은화 집필

삼일 운동이란 무엇인가?

우리나라가 일본 제국주의자들에 의하여 강제로 병합한 뒤, 일제 통치의 굴레를 벗어나 자주독립할 목적으로 손병희(孫秉熙) 등 33인이 주동되어 1919년 3월 1일 오후 2시 서울의 탑골공원(사실은 태화관(泰和館))에서 독립 선언서(獨立宣言書)를 발표하고 시위 운동을 일으킨 민족 독립운동, 곧 항일 독립운동을 말한다. 기미독립운동(己未獨立運動)이라고도 한다.

시대적 배경과 동기

1910년 8월 29일 한일병합조약이 발표된 이래 우리나라는 일본의 조선 총독부(朝鮮總督府) 통치하에 놓여 있었는데, 일본의 부당한 침략에 대한 우리 겨레의 항일 독립투쟁은 각지에 의병(義兵)을 낳고 널리 민족 계몽 운동으로 발전하여 갔다. 일본은 이 민족 독립운동을 탄압하기 위해, 헌병경찰제도를 실시하여 항일 독립운동 투사들을 무참히 학살 투옥하고, 일체의 결사(結社)가 언론 활동을 금지함은 물론, 교육 정책에 있어서도, 이른바 우민정책을 실시하여 겨레 의식의 성장을 억누르고, 고도의 기술을 습득할 기회를 박탈하였다. 이러한 일제의 무단 정치는 우리의 고유 문화를 말소함은 물론, 토지·광산·철도·금융 등 모든 분야의 이권을 독점 경영하였으며, 우리의 경제 발전마저 극도로 제한하였다.

월슨대통령

항일 독립운동투사들은 중국·만주·노령·미주 등 해외로 망명하여 독립운동을 전개하거나, 혹은 나라 안에서 비밀 결사를 조직 지하로 숨어서 기회만을 기다리고 있었다. 이런 중에 미국 대통령 윌슨(Wilson, Thomas Woodrow)은 1917년 4월 제1차 세계 대전에 참전을 결정하고, 이듬해인 1918년 1월 "각 겨레의 운명은 그 겨레 스스로 결정한다"는, 이른바 민족 자결(民族自決)과 국제 연맹 조직 등을 포함한 평화 조건의 14개조로 된 전후(戰後) 처리 원칙을 제창하였다. 이것은 세계의 피압박 민족에게 하나의 복음(福音)으로 받아들여져 각각 자국에게 유리한 방향으로 이 원칙을 해석하여 독립을 요구하게 되었다. 이 민족 자결주의 새로운 원칙은 항일 투쟁을 계속해 오고 있던 독립운동 지도자들에게 용기를 불어 넣은 것이었다.

국외에서의 독립운동 전개

해외에 있던 독립운동 지도자들은 제1차 세계대전 중에도 활동해 왔다.

(1) 중국에서의 독립운동

중국 상해(上海)로 망명한 독립운동 지도자들은 그곳에서 발간된 영자신문에 보도된 파리 강화회의(講和會議)의 개최와 민족 자결론을 접했다. 이에 1918년 8월 하순 경에 결성한 신한청년단(新韓靑年團)에서는 김규식(金奎植)을 한민족 대표로 파리로, 장덕수(張德秀)를 일본으로, 여운형(呂運亨)을 노령(露領)과 만주(滿洲)로 각각 파견하였고, 국내에는 김철(金澈)·선우혁(鮮于赫)·서병호(徐丙浩)·김순애(金淳愛)를 파견하여, 종교계 및 각 사회 지도층과 접촉하게 하여 거족적인 민족 독립운동을 계획하였다.

(2) 미주에서의 독립운동

미주에서의 독립운동은 1913년 5월 13일 샌프란시스코에서 안창호(安昌浩)의 주도로 8도 대표에 의하여 흥사단(興士團)이 창립됨으로써 본격화되었다.

윌슨의 민족 자결주의에 가장 민감한 반응을 보인 것은 재미교포들이었다. 그들은 재미한인대표자회의를 소집하였다. 그곳에서 이승만(李承晩)·민찬호(閔瓚鎬)·정한경(鄭翰景) 3인을 한인 대표로 선출하여, 민족 자결주의의 본질적 이념에 따라 우리 겨레의 자결권을 주장하였다. 그 방법으로 파리 강화회의에 한인 대표를 보내 우리나라의 독립을 호소하려 하였으나, 여권을 받지 못해 실패하고 말았다.

(3) 일본에서의 독립운동

일본에서는 1919년 1월 6일 조선기독교청년회관(조선YMCA회관)에서 1912년 10월 27일 창립한 조선유학생학우회 주최로 웅변대회를 개최하여 민족 자결주의 원칙에 따라 우리나라의 독립을 일본 내각과 각국의 대사(大使)·공사(公使)에게 청원할 것을 결의하고 실행위원으로 최팔용(崔八鏞)·송계백(宋繼白)·전영택(田榮澤)·서춘(徐椿)·김도연(金度演)·백관수(白寬洙)·윤창석(尹昌錫)·이종근(李琮根)·김상덕(金尙德)·최근우(崔謹愚) 등 10인을 선출하였다. 그 뒤 전영택은 병으로 사임하고, 새로 이광수(李光洙)·김철수(金喆壽) 2인을 추가 선출하여 11인이 되었다. 이들 실행위원은 조선청년독립단(朝鮮靑年獨立團)을 조직하고, 민족 대회 소집 청원서, 독립 선언서와 결의문을 작성 인쇄하였다. 마침내 1919년 2월 8일 오전, 한국 독립의 필연성과 정당성을 천명한 독립 선언서 등을 각국 대사·공사, 일본 정부 요인, 신문사, 잡지사 등 각 요로에 모두 발송하고, 이 날 오후 2시 조선기독교청년회관에서 400여명의 남녀 한국 유학생이 모인 가운데, 백관수가 조선청년독립단의 이름으로 11인의 대표가 서명한 독립 선언서를 낭독하고 김도연이 결의문을 낭독하자, 장내는 독립 만세 소리와 환호성으로 가득하였다. "2·8 독립 선언식"이 끝날 무렵, 동경 경시청에서 급파된 경찰대가 대회장을 포위하고 장내에 진입하여 유학생들과 충돌, 일대 아수라장이 되었다. 이 때 40여인이 즉각 체포되었다가 실행위원 11인 중 10인만 주모자로 판명되었다.

국내에서의 독립운동 전개

1. 독립운동의 계기

　일본 유학생들에 의한 "2·8 독립 선언"이 있기 전인 이 해 1월 22일 독살(毒殺)인지 알 수 없는 고종(高宗)의 갑작스런 승하로 우리 겨레의 일본에 대한 증오가 극도에 달하고 있었는데, 학생들의 이 독립 선언은 국내 3·1 운동에 촉진제의 구실을 하였다.

　국내의 일부 민족지도자들은 1910년 국권 상실 이래 기회만을 찾고 있던 차에, 윌슨의 민족 자결주의 원칙 발표, 고종 임금의 갑작스런 승하, 일본 유학생의 2·8 독립 선언 등이 한데 겹쳐 어느 때보다 민족적 항일 의식이 고조되자, 이 때가 우리 겨레의 독립을 꾀할 가장 좋은 기회라고 판단하고, 거족적인 3·1 독립 만세 운동을 본격적으로 계획하여 전개하게 되었다.

　독립운동을 보다 효과적이고 대중적으로 확산·파급시키기 위해서는 이 운동의 필요성·성격·방향·이념 등을 전달하는 방법으로 선언서, 즉 "독립 선언서"가 요청되었다.

2. 독립운동의 전개

　처음에는 종교 단체와 교육 기관에서 각각 독립 만세 운동의 추진 계획을 세웠지만, 나중에는 거족적이고 일원화된 독립 만세 운동을 위해 서로 통합하게 되었다.

(1) 종교 단체의 참여—천도교·기독교·불교

　천도교측에서는 중진인 권동진(權東鎭)과 오세창(吳世昌)이 1918년 12월 경부터 자주 만나 겨레의 장래와 세계 정세를 논의하던 중, 이 때가 독립운동을 일으킬 가장 좋은 기회라고 생각하여 동지를 규합하기도 하고, 먼저 최린(崔麟)에게 이 사실을 말하였다. 최린은 이미 2·8 독립 선언 계획 당시 국내에 밀파된 송계백(宋繼白)으로부터 일본 내의 소식을 듣고 독립운동을 일으켜야겠다고 마음먹고 있었으므로 즉시 합류하였다. 이 세 사람은 천도교의 지도자 손병희(孫秉熙)를 방문하여 의논함으로써 천도교측의 주도체가 형성되어 구체적인 추진 계획을 세우게 되었다.

　그들은 먼저 **독립운동의 3대 원칙으로, 독립운동을 대중화할 것, 일원화할 것, 비폭력적으로 할 것** 등을 결정하고, 실천 방법으로는 독립 선언서를 발표하여 국민 여론을 환기시키고, 일본 정부와 귀족원·중의원 양원 및 조선 총독에게 국권 반환 요구서를 보내고, 미국 대통령과 파리 강화회의에 독립 청원서를 제출하여 국제 여론으로 일본에 압력을 가해 독립을 성취하기로 합의하였다.

　그들은 거족적인 운동을 천도교 단독으로 하는 것은 불가하고, 기독교·불교·유림 등 각 교단을 총망라하는 동시에 대한 제국 시대의 유지들을 민족 대표로 추대할 것에 합의하였다. 그리고 서명할 인물을 분담하여 교섭하기로 하고, 송진우(宋鎭禹)·최남선(崔南善) 등은 박영효(朴泳孝)·한규설(韓圭卨) 등 한말의 인사들과 협의했으나 성과를 얻지 못하여 민족 대표에서 그들을 제외하기로 하였다. 이에 실질적으로 독립운동을 추진해 오던 천도교측 추진체는 실망하여 한때 포기하려고 하였다.

　그러나 고종의 갑작스런 승하로 배일감정이 절정에 달해 있는 때를 이용하는 것이 효과적이었기 때문에 다시 종교 단체와의 교섭 문제를 토의하였다. 이 때 최남선은 기독교측에서도 독립운동 계획이 있는 것을 알고, 기독교측의 대표자격인 평안북도 정주의 이승훈(李昇薰)에게 연락하여 상경하게 함으로써 기독교측과의 교섭이 시작된 것으로 알려져 있으나, 실은 신민회(新民會) 때의 이승훈과 동지이기도 했던 언론인 출신의 이종일(李鍾一)의 전보를 받고 상경한 것이라고도 한다. 이승훈은 2월 12일경 김성수(金性洙)의 별장에서 송진우·신익희(申翼熙)에게 이와 같은 계획을 듣고 독립운동에 합류하기로 하였다. 그리고 이승훈은 귀향하여 기독교측 동지를 규합하였다. 불교측과의 교섭은 최린이 담당하였는데, 그는 1월 하순경 승려 한용운(韓龍雲)과 독립운동에 관하여 협의하고, 민족대표로서의 참가를 쾌락받음으로써 불교측과의 연합이 이루어지게 되었다. 그 뒤 한용운은 해인사의 주지 백용성(白龍城)을 동참하게 하는 한편, 유림측의 참가를 교섭하기 위하여 곽종석(郭鍾錫)을 찾아갔다.

　서울에서 선천(宣川)으로 내려온 이승훈은 양전백(梁甸伯)·유여대(劉如大)·김병조(金秉祚)·이명룡(李明龍)과 회합하고 천교도측과의 합동 계획에 관하여 찬성을 얻었다. 이승훈은 2월 17일경 다시 상경하여 송진우를 만났으나 태도가 확실하지 못한 데 의혹을 품고 고민하던 중, 박희도(朴熙道)를 만나 운동 계획을 말하고 찬동을 권유하였으나, 그는 기독교청년학생단을 조직해 운동을 벌이기로 결정했다면서 거절하였다.

　2월 21일, 최남선·이승훈·최린이 모였는데, 그 자리에서 이승훈은 기독교 단독의 계획을 주장하였고, 최남선과 최린은 독립운동의 통일을 위하여 합동해야 한다고 주장하였다. 그날 밤 이승훈은 세브란스의전(현재 연세대학교 의과대학 전신) 구내에 있는 이갑성(李甲成)의 집에서 박희도 등 10여 인의 기독교 지도자들과 회합하여 천도교측과의 합동을 역설하여 찬동을 얻어냄으로써 천도교측과의 합류가 이루어졌다.

(2) 학생들의 참여

　1월 23일경 중앙기독교청년회 간사 박희도는 연희전문학교(현재 연세대학교 전신) 학생 김원벽(金元璧)과 만났다. 그리고 박희도의 협의로 김원벽을 비롯하여 연희전문의 윤화정(尹和鼎), 세브란스의전의 이용설(李容卨), 보성전문(현재 고려대학교 전신)의 강기덕(康基德) 등 서울 소재 전문학교의 대표적 인물 8인이 관수동 대관원(大觀園)에서 모여 독립 선언을 논의하였고, 2월 초에 계획은 급속도로 진전되었다. 12일, 14일 두 차례 이갑성은 음악회 개최 명목으로 관련자를 자신의 집으로 초청하여 의견을 모았다. 이들은 각 학교별로 활동 책임자를 정하였는데, 세브란스의전에서는 김문진·이용설이 책임자가 되었고, 김원벽은 이런 취지를 연희전문의 학생 청년회장 이병주(李秉周)에게 말하였다. 이병주는 다시 이를 회원 40인에게 전하여 찬동을 얻었다. 대관원에 모였던 학생 대표들은 각기 자신의 학교와 중등학교 학생들을 규합하여 협조하기로 하였다. 이로써 3·1 운동의 중앙지도체는 일원화되었고, 추진 계획은 급속히 진전되었다.

독립 선언서—민족 대표 33인 서명

　천도교·기독교·학생층의 개별적인 독립운동 추진 계획이 통합, 단일화되고, 불교측이 이에 가담하자 독립 선언서에 서명할 민족 대표의 인선이 시작되었다.

　천도교측에서는 2월 25일부터 27일에 걸쳐 서울에 사는 사람, 또는 지방 간부로서 당시 천도교 기도회의 종료 보고와 국장에 참여하기 위해 서울에 와 있던 이종일(李鍾一)·권병덕(權秉悳)·양한묵(梁漢默)·김완규(金完圭)·홍기조(洪基兆)·홍병기(洪秉箕)·나용환(羅龍煥)·박준승(朴準承)·나인협(羅仁協)·임예환(林禮煥)·이종훈(李鍾勳) 등 11인과 손병희·권동진·오세창·최린이 서명, 날인하여 15인이 되었다.
　기독교측에서는 이승훈·양전백·오화영(吳華英)·박희도·최성모(崔聖模)·이필주(李弼柱)·김병조·김창준(金昌俊)·유여대·이명룡·박동완(朴東完)·정춘수(鄭春洙)·신석구(申錫九)·이갑성·길선주(吉善宙)·신홍식(申洪植) 등 16인이 서명하였다.
　불교측에서는 한용운·백용성 등 2인이 가담하여 민족 대표로는 모두 33인으로 결정되었다.
　독립 선언서는 최남선이 기초하여 천도교에서 경영하는 보성사(普成社) 인쇄소 사장 이종일에게 전달되었다. 그는 공장 감독 김홍규(金弘奎)와 함께 2월 27일 오후 6시부터 10시까지 비밀리에 독립 선언서 2만 1천매를 인쇄하였다. 이 독립 선언서는 모두 경운동 이종일의 집으로 운반되어 28일 아침부터 전국 각지로 전달되었다. 그리고 거사 일자는 3월 1일로 최종 결정되었다. 그리하여 민족 대표들 중 서울에 있던 23인은 2월 28일 밤 가회동 손병희의 자택에서 최종 회합을 가지고 거사 계획에 대한 마지막 검토를 하였다. 이 모임에서 박희도의 긴급 제의로 만세 장소에 대해 폭동의 우려가 있다고 하자, 손병희가 탑골공원(파고다공원)에서 인사동 태화관(泰和館)으로 변경할 것을 제의하여 3월 1일(토) 오후 2시에 태화관에서 독립 선언식을 거행하기로 결정하였다.

기미독립 선언식

(1) 태화관에서의 독립 선언식―민족 대표 29인만 참여

　3월 1일 오후 2시의 태화관은 긴장과 신념과 의지가 함께 교차하는 가운데 민족 대표 33인 중 29인(길선주·김병조·유여대·정춘수 등 4인은 지방에 있었으므로 불참)이 예약한 방에 모였다. 이 때 독립 통고서는 세브란스의전의 학생 서영환(徐永煥)에 의해 조선 총독부에 제출되었고, 한편 최린은 태화관 주인 안순환(安淳煥)에게 조선 총독부에 전화를 걸어 민족 대표 일동이 여기에서 독립 선언식을 거행하고 나서 축배를 들고 있다고 통고하게 하였다. 이 통고를 받은 일본 경찰대 80여 명이 즉각 달려와 태화관을 포위하였다. 이 때 민족 대표들은 손병희의

태화관

제의로 '**독립을 선언**'하는 한용운의 간단한 식사를 듣고, 이어 그의 선창으로 '**대한 독립 만세**' 삼창을 고창하였으며, 불과 15분 만에 전격적으로 낭독식을 끝내고 의연하게 일본 경찰에게 연행되었다.
　한편, 일본 동경에 밀파된 임규(林圭)·안세환(安世煥) 등은 뒤에 일본 정부와 의회에 독립 선언서 등을 우송하였고, 중국 상해에 밀파된 김지환(金智煥)은 윌슨과 파리 강화회의의 각 대표에게 독립 선언서와 청원서를 송신하였다.

(2) 탑골공원에서의 독립 선언식—4, 5천명의 남녀 학생들과 시민 참여

3월 1일 오후 2시가 되기 전 탑골공원에는 4, 5천명의 남녀 학생들이 모여 엄숙한 독립 선언식을 기다리고 있었다. 이들은 김원벽·강기덕 등의 연락을 받고서 오전 수업을 마치자 곧 학교별로 달려온 것이었다. 민족 대표를 기다려도 그들이 오지 않자, 오후 2시 30분경 군중으로 참여한 경신학교(儆新學校, 현재 연세대학교 전신) 졸업생인 30대 중반의 청년 정재용(鄭在鎔)이 단상으로 올라가 **'독립 선언서를 낭독'**하였다. 독립 선언서의 낭독이 끝나자 학생들은 **'대한 독립 만세'**를 외쳤다. 그리고 종로 쪽으로 뛰쳐나와 시위하면서 독립 만세를 외치고 태극기를 흔들었다.

탑골공원

기미독립 선언식의 영향력

(1) 탑골공원에서 시작된 학생들의 독립 만세 시위의 파급효과—시민과 민중 가담

본래 독립 선언식은 탑골공원에서 오후 2시에 열기로 되어 있었으나, 학생·시민들의 희생을 고려하여 민족 대표는 태화관에 모여 기행한 것이며, 탑골공원의 학생들은 나타나지 않은 민족 대표를 기다리다가 한 청년이 자진하여 등단, 독립 선언서를 낭독하였던 것이다. 이 날 탑골공원에서 시작된 만세 시위는 이들이 선언을 끝내고 공원을 나설 때는 수만의 시민과 민중이 가담하여 함께 시위 행진을 전개하여 시위 대열이 대한문(大漢門) 앞에 이르렀을 때는 온 서울 시내가 흥분된 군중과 만세 소리로 들끓었다. 시위 행렬은 대한문 앞에 이르러 고종의 빈전(殯殿)을 향하여 삼례(三禮)를 올리었다. 학생과 시민의 "혼성 독립 시위 군중"의 시위 경로를 보면 일단의 군중은 탑골공원에서 종로를 경유, 서울역전·의주로·정동·미국영사관·이화학당으로 해서 다시 광화문·프랑스영사관·서소문·소공동으로 진행하다가 충무로 일대에서 일본 경찰의 저지를 받고 일단 해산하였으나, 다른 군중과 연합하여 또 일단의 모임을 만들어 광화문을 거쳐 대한문 앞에서 또다시 독립 만세를 고창하였다. 탑골공원 후문으로 나선 학생과 민중들은 창덕궁·안국동·광화문 앞에서 서대문을 경유 프랑스영사관에서 독립 만세를 고창한 뒤, 다시 이화학당·미국영사관·대한문 앞으로 해서 충무로를 거쳐 동대문 방향으로 가서 그 문상에서 독립 만세를 절규하여 전국적으로 확대 파급되었다. 그러나, 이 날 시위 군중은 공약삼장에서 밝힌 바대로 질서를 유지하였기 때문에 단 한 건의 폭력 사건도 발생하지 않았다. 그러나 평화적 시위를 전개하고 있

는 우리 군중은 일본 군대와 기마경찰의 무력 저지로 인하여 강제 해산되고 주모자 130여 명이 연행 구금되었다.

(2) 국내외 전역으로 퍼진 독립 만세 운동

3월 1일에 독립 만세 운동을 벌인 곳이 비단 서울만은 아니다. 거의 같은 날 같은 시각에 평안남북도와 함경남도의 평양(平壤)·의주(義州)·선천(宣川)·안주(安州)·원산(元山)·진남포(鎭南浦) 등 6개처에서 봉기하였고, 다음날인 2일에는 함흥(咸興)·수안(遂安)·황주(黃州)·중화(中和)·강서(江西)·대동(大同)·해주(海州)·개성(開城) 등 주로 이북 전 지역에서 차례로 일어났으며, 3일에는 충청남도의 예산(禮山) 등에서 치열하게 전개되었다. 이남 전역에서도 연이어 일어나 1년여나 계속되었다. 동시에 해외 각지에서도 이미 국민 국가 형성을 위한 독립운동의 계획이 진행 중에 있었거니와, 이 소식에 자극을 받아 3월 10일 이후 만주·미주·중국·일본 등지에서도 국내 3·1 운동에 호응하여 이어 전국 독립 만세 시위 운동이 확산되었다.

우리 겨레가 입은 피해 상황

이 운동 상황과 일제의 폭력적인 탄압으로 인하여 우리 겨레가 입은 피해 상황을 보면 집회 횟수는 1,542회이고, 집회 참가 인원수는 2,023,089인인데, 사망자수는 7,509인이고, 부상자수 15,961인이며, 피검자수 46,948인이다. 그리고 소각당한 교회당이 47개소, 학교가 2개교, 민가가 715채였다. 이 때 서울의 이화학당 등 10개교에서 여학생이 참가한 인원수는 1,909인에 이르렀다.

이 3·1 운동의 목적은 국권 회복과 자주독립에 있기 때문에, 비록 일제의 강압과 세계 열강의 비협조로 그 목적을 이루지는 못 하였다. 그러나 우리의 민족사적인 측면과 사상적인 측면, 그리고 경제사적인 측면에서 중요한 의의를 남기고 있는 것이다.

《참고문헌》 김진봉, 『3·1운동』(서울 : 세종대왕기념사업회, 1989)

경복궁은 조선 왕조의 법궁으로, 태조 4년(1395)에 창건되었다. 조선 왕조의 법궁다운 면모를 갖춘 것은 세종 때이나 임진왜란(1553)으로 소실된 이후, 고종 2년(1865)에 중건되었다.

※이 당시 고종황제는 경운궁(덕수궁)에 머무르고 있었다.

- 한일협약 -
1. 일본이 우리나라를 보호해 주는 조건으로 대한 제국 군대를 해산하고 일본군을 주둔시킬 것.
2. 정부 각료(오늘날의 총리, 장관)를 일본인으로 기용할 것.
3. 한국 정부가 다른 나라와 조약을 맺을 땐 반드시 일본의 동의를 얻을 것.

을사늑약을 앞장서서 만들어 낸 이른바 을사오적, 일본은 그들을 앞세워 보호조약을 강제로 체결하게 만들었다.

학부대신 이완용

군부대신 이근택
내부대신 이지용

외부대신 박제순

농상공부대신 권중현

을사오적(乙巳五賊)

조선 말기 일제의 조선 침략 과정에서, 일제가 1905년 을사조약을 강제 체결할 당시, 한국측 대신 가운데 조약에 찬성하여 서명한 다섯 대신. 즉 박제순(朴齊純), 이지용(李址鎔), 이근택(李根澤), 이완용(李完用), 권중현(權重顯)을 일컫는다.

같은 해 1907년 7월

쿠르릉..

빠가야로!

으악! 크허억…!

떡! 떡! 악!

조센징들은 말로 해서 안 되는 족속들이다.

일제의 총칼 아래 우리나라 금수강산은 백성의 피로 얼룩져 가고 있었다.

고종 임금

[1852년~1919년=68세]. 조선 제26대 임금으로서, 재위 기간은 44년(1863년~1907년)이다. 본관은 전주(全州)이고, 성은 이(李)이다. 휘(諱)는 형(㷩)이고, 초휘(初諱)는 재황(載晃)이며, 아명(兒名)은 명복(命福)이다. 자는 성림(聖臨)인데, 초자(初字)는 명부(明夫)이다. 호는 주연(珠淵)과 성헌(誠軒)이다. 묘호(廟號)는 고종(高宗)이고, 능호(陵號)는 홍릉(洪陵)이다.

아버지는 영조의 현손(玄孫) 흥선군(興宣君) 이하응(李昰應)이고, 어머니는 여흥부대부인(驪興府大夫人) 민씨(閔氏)이다. 철종 3년(1852) 음력 7월 25일 정선방(貞善坊) 소재의 아버지 이하응의 집에서 둘째 아들로 태어났다. 철종 14년(1863) 12월 철종이 후사 없이 승하하자 익종비(翼宗妃) 조대비(趙大妃)의 전교(傳敎)로 1863년 12세에 즉위하였다. 고종은 고종 3년(1866) 9월 여성부원군(驪城府院君) 민치록(閔致祿)의 딸을 왕비로 맞이하니, 이가 민비(閔妃:1851년~1895년=45세) 곧 명성황후(明成皇后)이다.

새로 임금이 된 고종 임금의 나이가 어리므로 예에 따라 조대비(趙大妃)가 수렴청정(垂簾聽政) 하였으나, 대정(大政)을 협찬하게 한다는 명분으로 정권은 흥선대원군 손에 돌아가 이로부터 대원군의 10년 집권시대가 열렸다. 이때 경복궁(景福宮)이 중건되었다.

고종 임금 때에는 밖으로 프랑스·미국 등과 충돌한 양요(洋擾)가 있었고, 안으로는 민비와 흥선대원군의 정치 싸움이 심하였다. 고종 19년(1882)에는 개화파(開化派)와 수구파(守舊派)와의 갈등으로 임오군란(壬午軍亂)이 일어났다. 이 해에 일본 수신사로 간 박영효(朴泳孝)가 태극기를 사용하였는데(최근 학계에 따르면, 조미(朝美)조약 체결 당시 역관 이응준(李應浚)이 처음 태극기를 창안), 그 다음해인 고종 20년(1883)에 태극기가 국기로 정식 채택·공포 되었다. 고종 21년(1884)에는 갑신정변(甲申政變)이 일어났으며, 고종 31년(1894)에는 동학란(東學亂)이 일어나자, 그 틈을 타 일본이 청·일 전쟁을 일으켜 청나라의 세력을 몰아 내고, 친일 김홍집(金弘集) 내각을 조직하여 갑오경장(甲午更張)을 단행하게 했다. 이 때부터 **우리글 '한글'을 반절·언문 등으로 부르던 것을 '국문(國文)'**이라 하였다. 고종 32년(1895) 8월에 일본이 을미사변(乙未事變)을 일으켜 민비를 살해하고, 친일 내각을 재조직하여 내정 개혁을 꾀하였으나 뜻을 이루지 못하였다. 고종 34년(광무 1년, 1897) 10월에 국호를 대한 제국(大韓帝國), 연호를 건양(建陽)에서 광무(光武)로 고치고 황제라 일컬었다. 고종 42년(광무 9년, 1905)에 제2차 한일협약(을사조약, 을사늑약)이 체결되자 외교권을 빼앗기고 내정 간섭을 받았다. 고종 44년(광무 11년, 1907)에 해아밀사사건(海牙密使事件)으로 임금 자리에서 물러났다. 순종 4년(융희 4년, 1910) 경술국치(한일합방) 후에는 이태왕(李太王)이라 불리었으며, 1919년 1월 22일 갑자기 승하했다. 일본의 음모로 독살당하였다고도 한다.

태극기 변천사

[1] **고종 19년(1882년)** : 최초의 태극기—역관 이응준이 창안
조미(朝美)조약 체결 당시 게양함.

[2] **고종 19년(1882년)부터** : 국기 제정 당시의 태극기
일본 수신사로 간 박영효가 이응준 태극기를 토대로
태극기 만들어 사용함.

[3] **고종 20년(1883년)까지** : 국기로 정식 채택 · 반포된 당시의 태극기

[4] **고종 21년(1884년)** : 반포 직후의 태극기

[5] **고종 21년(1884년)부터** : 가장 오래된 실물 태극기
고종 33년(1896년) : 독립신문의 제호로 쓰였던 태극기

[6] **고종 37년(광무 4년, 1900년)** : 파리 만국 박람회에서 게양된 태극기

[7] **1949년** : 문교부 고시 제2호로 공포한 대한민국 국기

1장 잔 다르크를 좋아하는 아이

5년 전, 충청남도의 매봉산

유관순(柳寬順)은 1902년 12월 16일(음력 11월 17일)에 태어났다.

응애~

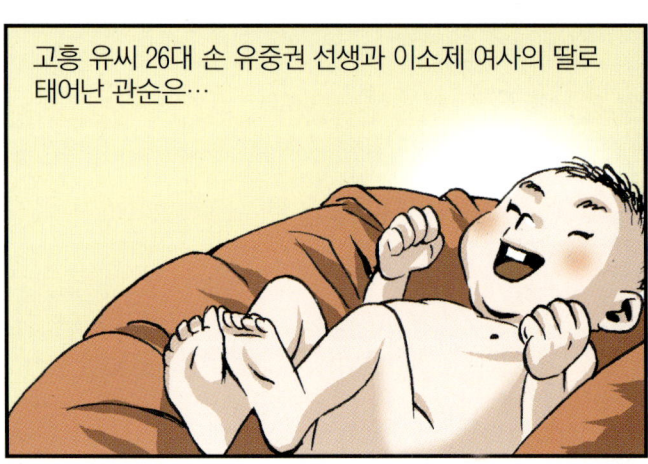

고흥 유씨 26대 손 유중권 선생과 이소제 여사의 딸로 태어난 관순은…

어린 시절부터 총명함이 남달라서 많은 기대를 받으며 자라났다.

가나다라…

집안 할아버지인 유빈기는 굳은 의지로
지령리 마을에 교회를 재건했다.

뎅 뎅 뎅

이 교회는 1901년경에 처음 세워졌으며, 1907년 8월 국채보상운동에 동참하였다.
국채보상운동에 참여하는 바람에 1907년 11월에 일병에 의해 소실되었다.

사부인
서양인, 여자 선교사로 본명은 앨리스 샤프. 사애리시(史愛理施)라는 우리 이름으로 바꾸어 사람들이 사부인이라고 부르게 되었다. 후일, 유관순을 이화학당에 입학하도록 도움을 준다.

이 잔 다르크는 정말 재미있고 멋있어. 나도 열심히 기도하고 공부해서 하나님의 일꾼이 될 거야.

그래서 *잔 다르크*처럼 꼭 나라를 위해서 큰 일을 하는 사람이 되고 말거야.

관순아! 그것도 좋지만 넌 여자 아이니까 그런 험한 일은 남자들한테 맡기는 게 좋지 않겠니?

피~

사부인께서 앞으로는 우리나라도 남녀가 평등해질 거랬어. 하나님 안에서는 남녀뿐 아니라 누구나 똑같이 평등하다고 하셨단 말이야.

음…

국채보상운동(國債報償運動)

당시 우리나라가 일본에게 많은 빚을 지고 있어 주권 행사를 하지 못하는 관계로 그 빚을 갚자는 국민 모금 운동으로서, 맨 처음 대구에서 시작되어 〈황성신문〉, 〈대한매일신보〉, 〈제국신문〉, 〈만세보〉 등 각종 신문이 후원하여 기사를 크게 싣자 서울, 평양, 진주 등 국채보상운동은 전국적으로 퍼진 애국 운동이었다. 행여 겁을 집어 먹은 일본은 헌병과 경찰을 동원하여 국채보상운동에 가담한 교회와 애국 단체를 찾아가 불지르고 사람을 잡아 가두며 이를 억누르려 애를 썼다.

죽었습니다.

돌아간다.

유관순은 어려서부터 일본의 만행에 대해 주변 어른들에게 귀가 따갑도록 들으며 자랐다. 그리고 그때 처음 일본의 만행을 목격한 것이다. 어린 나이에…

유관순 열사의 가족들 I

유우석(柳愚錫); 유관순의 오빠

[1899년~1968년=70세]. 아우내[并川] 장터의 독립 만세 운동을 주동했던 유관순(柳寬順)의 오빠인 유우석은 공주 영명학교에 재학 중, 1919년 4월 1일의 공주(公州) 장날을 이용하여 독립 만세 운동을 주동하였다. 그의 호는 백노(白奴)이고, 준석(俊錫), 관옥(寬玉)이라 부르기도 하였다.

3월 12일과 15일에 걸쳐 공주에서 독립 만세 운동이 전개된데 자극받은 영명학교 교사 김관회(金寬會)·이규상(李圭商)·현언동(玄彦東)과 졸업생 김사현(金士賢)·재학생 오익표(吳翼杓)·안성호(安聖鎬) 및 목사 현석칠(玄錫七) 등이, 3월 24일 밤 9시경, 영명학교 사택에서 만나 4월 1일 공주읍 장날을 이용하여 독립 만세 운동을 전개하기로 결의하였다. 이 때 유우석도 학생 대표로서 이 계획에 참여하여, 3월 30일 김관회로부터 학생 동원과 독립 선언서의 등사를 부탁 받은 영명학교 조수 김수철(金洙喆)의 집에서 노명우(盧明愚)·강윤(姜允)·윤봉균(尹鳳均) 등과 만나, 독립 만세 운동 계획에 대하여 논의한 뒤, 이튿날 오후 3시경 이들과 함께 기숙사에서 독립 선언서 1천여 매를 등사하고 대형 태극기 4개를 만들었다.

4월 1일 오후 2시, 유우석은 다른 학생 대표들과 함께 태극기와 독립 선언서를 나누어 가지고 장터에 나아가, 여기에 모인 시위 군중에게 나누어 주고, 그 선두에 서서 만세 운동을 전개하였다. 그러나 이 날의 독립 만세 운동은 일제의 강력하고 신속한 저지로 좌절되어, 비교적 소규모로 전개된 채 끝나고, 그는 주동자로 체포되었다.

한편 같은 날 아우내 장터의 대대적인 독립 만세 운동을 주동하였던 그의 아버지 유중권(柳重權)과 어머니 이소제(李少悌)가 현장에서 순국하고 동생인 유관순도 체포되어 그의 가정은 파멸된 상황이었다. 공주 검사국으로 송치된 그는 여기서 여동생 유관순을 잠시 만나기도 하였으나, 결국 이 해 8월 29일 공주지방법원에서 소위 보안법 및 출판법 위반 혐의로 6월형을 선고 받고 옥고를 치렀다. 출옥 후 1927년에는 원산청년회를 조직, 활동하다가 일본 경찰에 체포되어 함흥지방법원에서 4년형을 구형받는 등 계속 독립운동을 전개하였다.

한편 그의 부인은 강원도 양양군의 독립 만세 운동을 주동하였던 조화벽(趙和璧)으로서 가족 모두가 조국의 독립을 위하여 힘쓴 애국 가족이다. 정부에서는 그의 공을 기리어 1982년에 건국포장, 1990년 건국훈장 애국장을 추서하였다.

2장 이화학당 시절

공주 영명학교를 설립한 샤프 선교사의 부인이며, 선교사인 사애리시 여사가 관순이를 좀 더 큰 재목으로 만들기 위해 이화학당 프라이 당장(오늘날의 교장) 선생에게 특별히 장학생으로 추천하여 입학 허가서를 받아 냈기 때문이었다.

프라이 당장 선생님…

※ 이화학당은 이 당시 현대식으로 지은 학교 건물, 강당, 선교사 숙소, 학생 기숙사, 식당, 세탁실, 기도실 등의 시설을 갖추고 있었다.

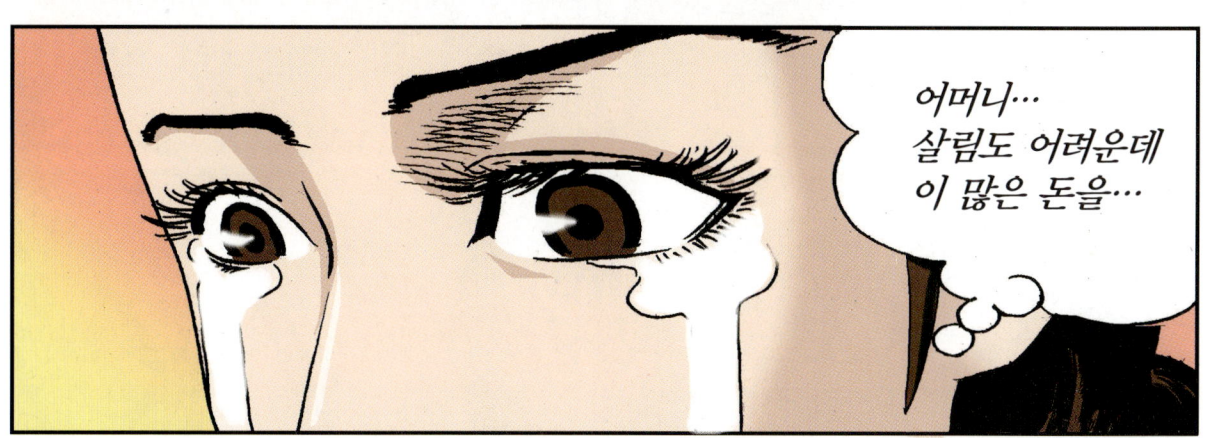

자신이 누리고 있는 혜택 때문에 학비를 내고 다니는 다른 학생들에게 미안한 마음이 늘 떠나지 않았기 때문이다.

장학금 혜택을 받는 은혜에 보답할 방법이 없을까?

그래! 내가 받는 혜택만큼 봉사를 하자. 몸으로 보답을 하는 거야!

관순은 봉사 활동으로 청소를 택했다. 다른 학생들보다 먼저 일어나 강의실을 청소하고 책상을 닦았고 틈나는 대로 유리창을 닦았다.

※ 현재 이화여자고등학교에 있는 '유관순 우물'의 모습

2장 이화학당 시절 67

※ 고종황제 시대에 전차가 처음 개통되었다.

이화학당 학생들은 누가 시키지도 않았는데, 모두 소복을 갈아입고 덕수궁 방향을 보며 오열했고….

덕수궁 앞에는 전국 각지에서 몰려온 백성들의 통곡 소리가 하늘을 찔렀다.

서울로 올라올 형편이 못 되는 사람들도 덕수궁을 향해 비분강개하며 통한의 눈물을 삼켰다.

> 을사늑약 이후 폐위되기 전까지, 고종황제는 1906년 6월 10일 나인영, 이기 등을 미국에 보내 국제 기구에 우리의 억울한 심정을 호소하기 위해 수 차례에 걸쳐 밀사를 파견했지만, 일제의 방해로 번번이 실패를 했다. 고종은 폐위가 된 후에도, 비밀 결사들과 교류하였고 중국 베이징으로 망명을 해 독립운동의 중심이 되려 했다. 결국 일제가 고종황제를 폐위시키고 살해한 건 끊임없는 고종의 밀사 파견을 저지하는 것과 동시에 독립운동을 막으려 했기 때문이라고 할 수 있었다.

이화학당 학생 등의 자치 모임인 이문회(以文會).

※이문회란 이성회, 하란사 선생의 도움으로 만든 이화 학생 자치 단체이다.

을사늑약 이후, 이화학당에서는 오후 3시만 되면 이문회를 중심으로 독립을 기원하는 기도회와 열띤 토론회를 날마다 개최하고 있었다.

드디어 황제폐하의 국상 날짜가 3월 3일로 결정이 났다. 장장 40일이다.

선배님 일제가 빨리 장을 치르려고 안달이라던데, 어떻게 40일장을 허락하게 된 거지요?

좋은 질문이다. 안 그래도 독살설 문제로 여론이 좋지 않기에 일본놈들도 겁을 집어먹은 거야.

손정도 목사와 하란사 선생! 이 두 사람에게 큰 영향을 받은 유관순은 하나님 사랑이 곧 나라 사랑이며, 나라를 위해서라면 언제라도 목숨을 던지겠다는 각오를 다져 나갔다.

거사일이 3월 1일로 잡혔대. 손병희 선생을 필두로 민족 지도자 33인이 독립 선언문을 낭독하기로 했다는 거야.

왜 국장 날로 하지 않고 거사일을 당겨 잡은 거지?

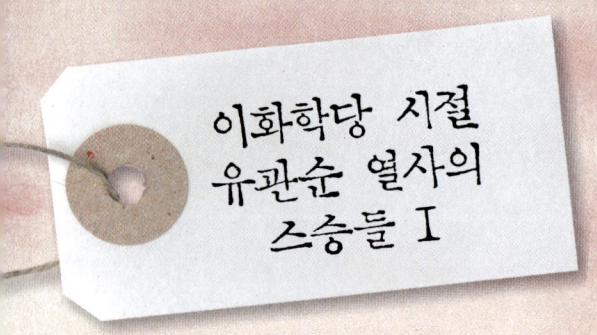

이화학당 시절 유관순 열사의 스승들 I

1. 고종 시대의 외교 독립 운동가 하란사(河蘭史, 본명 김란사)

[1875년~1919년=45세]. 우리나라 여성 최초의 미국 학사 학위(B.A.) 취득자이며 독립 운동가로 유명한, 하란사 선생은 이화학당(梨花學堂) 출신으로 외국어에 능통하여 일제 강점기 때 외교 독립운동을 전개하였다. 그녀에게는 '호랑이 어머니 사감 선생', '검정 갓에 기다란 검정 새털 깃을 꽂고 검정 원피스를 입은 지적인 부인', '여성 해방의 선각자', '여성 독립 운동가'라는 수식어가 따라붙는다.

하란사는 1875년(고종 12년) 평양에서 태어났으며, 1896년(고종 33년)부터 1900년(고종 37년, 광무 4년)까지 이화학당에서 공부하였다. 하란사라는 이름은 이화학당에 입학해 세례를 받은 뒤 얻은 영어이름 낸시(Nancy)를 한자 음역해 란사(蘭史)로 부른 데서 연유한다. 원래 성도 김해 김씨(金海金氏)였으나, 서양식으로 남편인 하상기(河相驥)의 성을 따라 하란사라 불리었다.

그리고 그녀는 1900년(고종 37년, 광무 4년) 3월 일본으로 건너가 동경(東京)의 경응의숙(慶應義塾, 게이오 대학)에서 1년간 유학한 뒤, 1902년(고종 39년, 광무 6년) 남편 하상기와 함께 다시 미국으로 유학하여 감리교 계통의 오하이오주 웨슬리안 대학에서 수학하고, 1906년(고종 43년, 광무 10년) 한국 여성으로서는 최초로 미국에서 문학사(B.A.) 학위를 받았다. 1908년(순종 2년, 융희 2년) 귀국한 이후 그녀는 이화학당에서 교사로 재직하면서, 메리 F. 스크랜튼(Mary F. Scranton, 1832~1909, 이화학당 설립자이며 제1대 이화학당 당장)을 도와 불우한 환경의 여인들, 배움의 기회를 얻지 못했던 기혼 여성들을 위해 상동교회 안에 설립된 영어학교(뒷날 감리교협성여자신학교에서 오늘날의 감리교신학대학으로 발전)에서 영어와 성경을 가르쳤다. 그 후 그녀는 이화학당의 학감으로 봉직하면서 이화학당에서 이성회(1899년부터 1929년까지 30년을 이화와 함께한 한문을 가르친 남자 선생) 등과 이문회(以文會 ; 학생 자치 조직)를 중심으로 학생들에게 민족 교육 운동을 전개하는 한편, 성경학원(聖經學院)을 설립하여 기독교 정신의 보급과 함께 민족 의식을 고취시키는데도 힘을 쏟았다. 그녀는 이화학당 기숙사의 초대 사감이기도 하였다. 그리고 오랫동안 이화학당을 총감독하는 직책이 부여되어 총교사라는 이름도 갖게 되었다.

한편, 하란사가 본격적으로 독립운동에 적극 가담한 것은 1908년 대한부인회에 관여하면서부터라고 할 수 있다. 그녀는 능통한 영어로 많은 외국 선교사와 특별한 지우 관계를 맺었을 뿐만 아니라, 1910년(순종 4년, 융희 4년) 이후 그녀는 고종(高宗, 1852~1919) 및 엄비(嚴妃, 1854~1911)와 접촉하여 고종의 통역도 하며 국내

외의 독립운동 연락책으로 활동하는 한편, 엄비로 하여금 진명·숙명을 창설하는데 기여하기도 하였다.

1916년 하란사는 미국 뉴욕에서 열린 감리교 세계총회에 신흥우와 함께 참석하였다. 총회 일정이 끝나자 그녀는 미국에 남아 해외 동포들에게 조선에 대한 일본의 만행과 일본 식민지의 부당함 등을 알리는 순회 강연을 통해 해외에서 독립운동을 전개하였다. 그 때에 교포들이 성금한 돈을 모아 파이프 오르간을 구입해 동양에서 세 번째, 우리나라 최초의 파이프 오르간을 들여옴으로써 1918년 정동제일교회에 기증 설치하게 된다. 현재는 아쉽게도 소실되었다.

하란사는 제1차 세계 대전 종결과 함께 국제 사회에서 제국주의에 대한 반성으로 인도주의가 부상하는 것과 때를 같이하여 한국의 독립을 국제 사회에 호소할 것을 계획하였다. 1919년 그녀는 고종과 상의하여 파리 강화 회의에 의친왕(義親王; 고종황제의 아들)을 파견하여 해외에 일본의 조선 침략에 대한 부당함, 조선의 억울함, 그리고 조선의 독립에 대한 열망을 알릴 계획을 비밀리에 추진하였다. 그러나 고종의 갑작스러운 승하로, 이 계획은 수포로 돌아갈 상황에 처하였다. 그래서 그녀는 자신이 직접 파리 강화회의에 참석하는 방안을 강구하다가, 의친왕의 밀칙을 받아 조국을 떠나 베이징에 도착한다. 그녀는 교포들이 마련한 만찬회에 참석해서 먹은 음식이 잘못되어 제대로 뜻을 이루지 못한 채, 1919년 4월 10일 45세의 생을 마감했다.

조국광복을 위해 독립운동에 뛰어들어 짧은 생애를 바친 애국자였던 하란사에게 국가는 1995년 건국훈장 애족장을 추서하여 그녀의 삶을 기리고 있다.

2. 프라이(Lulu E. Frey) ; 제4대 이화학당 당장(교장)

[1868년~1921년=54세]. 1868년 3월 9일 미국 시드니에서 태어난, 프라이는 1893년(고종 30년) 10월, 최연소 미혼 선교사로 한국에 왔다.

1907년(고종 44년, 광무 11년) 제4대 이화학당 당장이 되었고, 여성의 고등 교육의 필요성을 강조하며, 1910년(순종 4년, 융희 4년) 대학과를 신설하였다. '요람을 흔드는 손이 세계를 지배한다', '어떤 국가도 어머니보다 더 위대할 수는 없다', '만약 국가의 운명이 여성에게 달려 있다는 것이 사실이라면 시간과 자본을 투자하여 여성에게 고등 교육의 기회를 부여하여야 한다'고 역설하였다. 이화학당에 1904년(고종 41년, 광무 8년) 중등과, 1908년(순종 2년, 융희 2년) 보통과와 고등과, 1910년(순종 4년, 융희 4년) 대학과, 1914년 유치원 등 전 과정을 개설하였으며, 교육 과정도 정비하여 국내 유일한 종합교육기관으로 키웠다. 교수진 강화와 학교 행정의 현대적 기틀을 마련하였고 메이데이 행사를 처음 시작했다.

1919년 3·1 운동 이후 일본의 선교사 탄압이 가중되면서 일시 귀국하였다. 1920년 대수술을 받았으나 회복하지 못하고 1921년 3월 보스톤에서 타계하였다.

"우리나라는 마치 이 불 꺼진 등잔 같이 어둡습니다."

하란사 선생은 1896년(고종 33년) 이화학당에 입학하게 된다. 그 당시 이화학당을 입학하기 위해 찾아온 그녀에게 프라이(Lulu E. Frey) 선생은, "이 학교는 소녀들만을 위한 학교이며 교실이 비좁다"는 이유와 기혼 여성의 입학을 허락하지 않는 규칙을 들어 입학을 거절하였다고 한다. 그러나 그녀는 물러나지 않고 옆의 하인이 들고 있는 불 꺼진 초롱을 돌아보며, "우리나라는 마치 이 불 꺼진 등잔 같이 어둡습니다. 어머니들이 무엇인가 배우고 알아야 자녀들을 가르칠 터인데, 어떻게 해야 하겠습니까?"라고 반문하여 프라이 선생을 감동시켜 입학 허락을 받아냈다고 한다.

이 일화는 당시 선교사들에게 우리나라의 여성 교육 사업에 대한 전례 없는 희망을 갖게 했다는 점에서도 의의가 있는 일이었다.

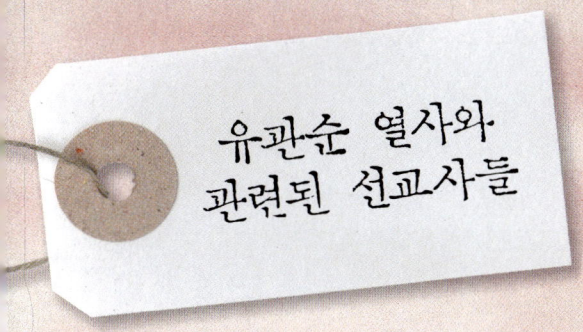

1. 케이블(E. M. Cable, [한국이름] 기이부(奇怡富))

[1874년~1949년=76세]. 케이블은 코넬대학교를 졸업하고, 1899년 미감리회에서 집사목사 안수를 받고 그 해 한국 선교사로 내한했다. 1901년까지 배재학당 대학부 교수로 재직하고, 1902년 무어(D. H. Moore) 감독으로부터 목사 안수를 받고 한국 서지방 감리사로 임명되어 제물포, 해주, 연안, 강화, 시흥, 부평 등을 총괄하였다. 1905년 6월 경기 서부 및 충청도 지방 감리사, 1907년 제물포 지방, 1908년 공주 지방, 1909년 6월 충청도 지방 감리사를 각각 역임하였고, 1908년에는 친일 감독인 해리스(M. C. Harris)에게 항의하기도 하였다. 1905년부터 <대한그리스도인회보>(The Korean Christian Advocate)의 주필로, 1915년 연희전문학교(현재 연세대학교 전신) 교수, 1926년 협성신학교 교장으로 취임하여 시무하였다. 1940년 정년으로 은퇴해 귀국하여 본국에서 지내다가, 1949년 12월 2일 세상을 떠났다.

2. 엘리스 샤프(Alice Hammond Sharp, [한국이름] 사애리시(史愛理施))

[1871년~1972년=102세]. 사부인(史婦人)이라 불리는 미국 감리교회의 선교사 엘리스 해먼드 샤프는 1905년 충청남도 공주시에서의 감리교회 선교를 위해 남편인 로버트 샤프(Robert Arthur. sharp, 1872~1906) 목사와 함께 와서 공주시 영명학교(현재 공주영명고등학교)를 설립하였으며, 남편 샤프 선교사가 한국에 온 지 3년 만에 이질로 별세하자, 천안과 논산을 거점으로 교회, 영아육아원, 학교를 세워서 감리교회 선교 활동과 교육 사업을 하였다. 남편과의 사이에서 자녀를 두지 못한 그녀는 어렵게 지내는 믿음이 있는 가정의 소녀들을 추천하여 교육을 받도록 해 주었는데, 이들 중에는 유관순(柳寬順)과 박인덕(朴仁德)이 있었다. 샤프 부인은 논산 읍내에 1909년 영화여학교와 진광남학교(1913년 폐교)를 설립하였다. 1928년에도 예배당을 세워 강경, 연산, 은진, 노성 지방을 순회하면서 사회 복지 활동, 유치원 설립 등의 업적을 남겼다. 중·일 전쟁이 일어난 후, 정년이 되어 미국으로 돌아갔다.

3장 첫 번째 만세 운동

1919년 3월 1일

아침부터 종로에는 고종황제의 국상을 치르기 위해 전국에서 상경한 인파로 발 디딜 틈이 없었다.

3·1 만세 운동의 서막은 그렇게 오르고 있었다.

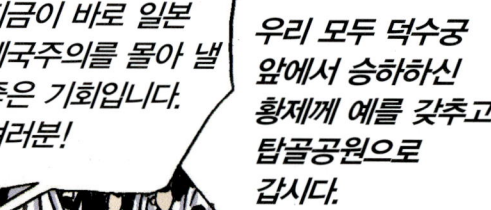

※유관순은 선생님의 말씀을 무시하는 과격한 행동은 하고 싶지 않았다.

사실 1919년 3월 1일, 민족 대표들은 태화관에서 독립 선언서를 낭독하고 만세 삼창을 한 뒤 바로 일본 경찰에 연행되었다. 학생들과 시민들이 민족 대표들을 기다리던 탑골공원에서는 민족 대표들이 오지 않자, 30대 중반의 청년 정재용이 독립 선언서를 낭독하고 만세 삼창을 외쳤다.

유관순이 끌려간 곳은 남산에 위치한 왜성대(倭城臺)의 경무총감부였다. 또한 태화관에서 독립 선언식을 한 민족 대표들도 3월 1일 이곳으로 연행되었다.

※ 경무총감부는 경찰을 총지휘하는 지금의 경찰청과 같은 곳이다.

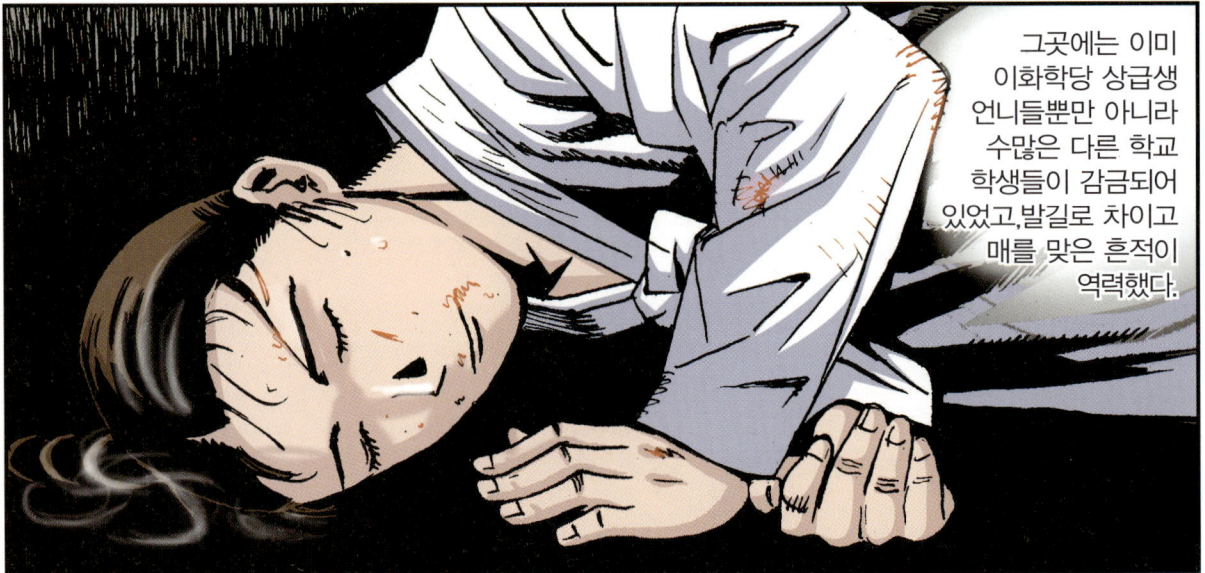

그곳에는 이미 이화학당 상급생 언니들뿐만 아니라 수많은 다른 학교 학생들이 감금되어 있었고, 발길로 차이고 매를 맞은 흔적이 역력했다.

일본 경찰은 유관순을 비롯한 이화학당 학생들을 석방시켜 주는 걸 거절했다. 그러나 선교사들이 자신들의 대사를 찾아가 본국에 연락해 인권 유린을 항의하겠다는 협박 아닌 협박에 그들을 석방시킬 수밖에 없었다.

탑골공원에서 시작된 독립 만세 운동의 불꽃은 다음날도 그 다음날도 계속 꺼지지 않은 채 불길처럼 타올랐다.

그리고 전국 방방곡곡으로 번지기 시작했고 3월과 4월에 걸쳐 전국 지방은 물론 만주, 하와이 등 나라 밖까지 퍼져 나갔다

죽여도 좋다. 아니, 죽여라! 그래야 조센징 놈들은 겁을 먹고 덤비지 못한다.

으아악… 대한 독립…만세…

이를 막으려는 일제의 무력은 더욱 잔악해졌다.

하지만 우리 국민은 이에 굴하지 않고 더욱 강력하게 시위를 했다.

죽음 앞에서도 굴하지 않는 우리 민족의 단결심과 끈기, 애국심에 일제는 깜짝 놀랐다. 우리 민족의 용기와 의지력에 일본인들은 간담이 서늘했다.

그리고 어린 학생들까지 거리로 쏟아져 나와 운동에 참여를 하자, 조선 총독부에서는 3월 10일을 기해 전국 학교에 휴교령을 내리기에 이른다.

휴교령이 언제 풀릴지 모르는 가운데 이화학당 학생들은 또 다른 독립운동을 다짐하며 뿔뿔이 고향으로 돌아갔다.

■ 이 노래는 유관순이 친구들과 함께 지어 부른 노래이다.

유관순 열사와 관련된 기독교 인물들

1. 손정도(孫貞道) ; 유관순 열사에게 사상적인 영향 미침

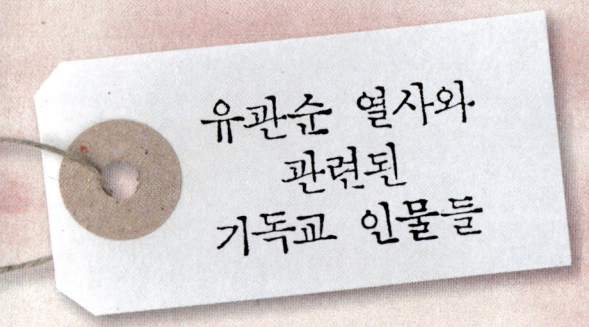

[1872년~1931년=60세]. 독립 운동가인 손정도 목사는 1915년 4월부터 1918년 5월까지 감리교회 모교회인 정동제일교회를 만 3년간 담임하면서 교회를 크게 부흥시켰다. 그가 목회한 지 일 년이 지난 1916년에는 교인 수가 크게 늘어나, 당시 최대의 교회로 성장한다. 또한 교회 증축 공사도 무사히 마무리하고 남녀 구분 예배도 폐지하며, 교회 안에 의자를 놓아 장안의 화제를 이루기도 하였다. 학생과 청년을 많이 거느리고 있는 그의 목회 활동은 언제나 일본 경찰 당국에 부담을 안겨 줘 끊임없이 압력을 받게 된다. 그 당시 유관순(柳寬順)이 손정도 목사의 설교를 들으며 많은 영향을 받게 된다.

갑자기 그는 정동제일교회를 사임하고 본격적인 민족 독립의 길로 뛰어들게 된다. 그 당시 그는 의친왕(義親王 ; 고종황제의 아들) 이강(李堈) 공과 하란사(河蘭史)를 파리 강화회의에 참석시키기 위하여 상해로 가서 공작하려는 임무를 띠고 있었다.

손정도 목사는 1919년 2월 국내에서 3·1 독립운동 시위 계획에 참여하였다가, 상해(上海)로 망명하여 같은 해 4월 10일, 11일 양일간에 걸쳐 이동녕(李東寧) 등 동지 30여 명과 같이 제1회 대한민국 임시 의정원 회의를 김신부로(金神父路) 회의장에서 개최하였다. 의장에 이동녕을 뽑고 그는 부의장에 선출되었다. 동 간사로 이광수(李光洙)·백남칠(白南七)을 선출한 뒤 「대한민국」을 국호로 정하고, 국무총리에 이승만(李承晩) 등을 선임하였으며, 조소앙(趙素昂)·이시영(李始榮)이 초안한 10개조의 헌장(憲章)과 정강(政綱)을 심의 통과시켜 4월 13일 임시 정부 내외에 선포되었다. 4월 13일에는 이동녕의 후임으로 임시 의정원 의장에 당선되었는데, 이 무렵 서울에서 소집된 국민대회에서는 박은식(朴殷植)·신채호(申采浩) 등과 함께 한성정부의 평정관(評定官)에 선출되었다. 이 무렵 그는 서울에 체재하고 있던 미국인 선교사 노오블(Noble)에게 부탁하여 국내에서 모금된 임시 정부의 군자금을 전달받기도 하였다.

1920년 1월에는 김립(金立)·김철(金徹)·김구(金九)·윤현진(尹顯振)·김순애(金淳愛) 등과 함께 무장독립 운동 단체인 의용단(義勇團)을 조직하였으며, 1921년 3월 3일에는 이원익(李元益)·김병조(金秉祚)·김인전(金仁全)·조상섭(趙尙燮)·송병조(宋秉祚)·장덕로(張德櫓) 등과 함께 대한야소교진정회(大韓耶蘇敎陣情會)를 조직하고 그 회장이 되어 국내외 각지의 교회에 우리나라의 독립을 원조해 줄 것을 청원하는 진정서를 발송하였다. 같은 해 8월에는 임정국무원 교통총장에 임명되었고, 1922년 2월에는 대한적십자회 총회에서 회장에 당선되어 임시정부를 지원하였다. 같은 해 8월에는 김구·여운형(呂運亨) 등 동지들과 함께 한국 노병회(勞兵會)를 조직하고 노공부장(勞工部長)에 뽑혀 독립운동을 지원하였다. 정부에서는 그의 공훈을 기리기 위하여 1962년에 건국훈장 국민장을 추서하였다.

2. 김종우(金鍾宇) ; 유관순 열사의 장례를 집례

[1883년~1940년=58세]. 김종우 목사는 1919년부터 1927년까지, 1934년부터 1938년까지 두 차례에 걸쳐 12년간 정동제일교회에서 목회를 하였다. 이에 앞서 그는 정동제일교회 담임목사 현순(玄楯) 밑에서 1913년부터 1915년까지 3년간 전도사와 부목사로서의 훈련을 쌓아갔다. 현순 목사를 따라서 4개월간 새벽마다 남산 꼭대기에 올라가서 기도하던 중 깊은 종교적 체험을 하게 된다. 이 때 받은 은혜의 체험으로 후에 유명한 부흥사와 목회자로서 성공하게 되었다. 그 시기에 부목사로서 이화학당 초청 부흥회에서 설교와 기도를 하게 되는데, 이 때 유관순(柳寬順)이 감화를 받았고 자신의 앞날에 대한 기도의 응답을 받게 되었다고 전해지고 있다.

그는 영력(靈力)이 넘치는 설교가일 뿐만 아니라 조직적인 행정력이 뛰어난 목회자로서 정동제일교회에서 시무하던 시절 교회를 크게 부흥시켰다. 그는 부임하자마자 교인의 상황 파악을 목회의 첫 과제로 생각하고 교회 명부를 정리하였고, 배재학당의 강매(姜邁) 전도사를 통해 1922년 교회 역사를 편찬(《정동교회30년사》)하기로 하는 등 정동제일교회의 역사를 기록하여 교회의 연원과 자기 정체성을 밝히는 일을 하였다. 1923년에는 국내 최초로 '하기아동성경학교'를 개설하였다. 그가 정동제일교회에서 목회하던 시절, 1920년 10월 14일 그는 유관순 열사의 장례를 집례하였다. 1938년의 정기총회에서 양주삼(梁柱三)에 이어 제3대 감독으로 선출되어, 전체 감리교회의 행정을 맡은 책임자로서 감독직을 수행하는 가운데서도 계속 부흥회를 인도하면서 감리교를 영적으로 크게 부흥시켰다. 그의 온화한 인품과 영력에 넘치는 설교, 그리고 각종 부흥운동은 당시 민중들에게 큰 위안과 소망을 심어 주었다.

3. 이필주(李弼柱) ; 3·1 운동 민족 대표 33인의 한 사람

[1869년~1942년=74세]. 독립 운동가인 이필주 목사는 1894년 동학농민운동을 일으킨 동학군과의 전투에 참가한 대한 제국 군인 출신으로서 감리교에 입문하여 구국 계몽 운동에 뛰어든 인물이다. 그는 상동교회에서 선교사 윌리엄 스크랜튼(William Benton Scranton ; 이화학당 설립자인 메리 F. 스크랜튼의 아들)과 전도사 전덕기(全德基)와의 만남

으로 큰 감화를 받아 1903년 세례를 받고, 직업 군인을 그만둔다. 1904년 상동교회가 주축이 되어 상동청년학원을 설립하자, 그는 이 학교의 체육교사를 맡았다. 당시 교장은 이승만(李承晩)이었고 교사진에는 주시경(周時經), 최남선(崔南善), 남궁억(南宮檍) 등 유명한 인사들이 모여들었다. 또한, 그는 1907년에는 전덕기를 통해 양기탁(梁起鐸), 이동녕(李東寧), 안창호(安昌浩) 등이 조직한 신민회에 참가하였고, 1915년 목사 안수를 받았으며, 1918년 7월부터 1919년 3월 초까지 정동제일교회 담임목사로서 시무하였다. 그 당시 정동제일교회에 출석하던 이화학당 학생 유관순(柳寬順)이 이필주 목사의 설교를 들으며 영향을 받게 된다. 그가 부임한 지 얼마 안 되어 교회당에 이화학당의 하란사(河蘭史)를 통해 한국 최초의 파이프 오르간이 설치된다.

1919년 3·1 운동 거사를 위해 2월 26일 기독교계 인사들이 이필주 목사 사무실에 모여 기독교측 민족 대표 33인에 참가할 명단을 확정했고, 최남선이 작성한 기미독립 선언서와 독립 청원서의 초안에 동의하였다. 민족 대표 33인 중에는 상동교회 시절부터 오랜 친구인 최성모(崔聖模)와 정동제일교회 전도사인 박동완(朴東完)도 있었다. 1919년 3월 1일 민족 대표 33인의 1인으로서 독립 선언문에 서명하고 태화관 회의에 참석하였다. 그날 남산에 위치한 왜성대(倭城臺)의 경무총감부에 연행되어 2년형의 옥고를 치른 뒤, 경기도 화성의 남양교회에서 목회 활동을 하면서 일제 말기 가중된 신사참배 강요 등 교회 탄압에 맞서 투쟁하다가 세상을 떠났다. 화성에 추모비가 건립되어 있고, 1962년 건국훈장 대통령장을 추서 받았다.

4. 박동완(朴東完); 3·1 운동 민족 대표 33인의 한 사람

[1885년~1941년=57세]. 근대 교육의 혜택을 받으며 자란 독립 운동가, 박동완 목사는 정동제일교회의 전도사로 있으면서 기독교신보사 서기 및 《기독신보》 편집위원으로 근무했고 조선중앙YMCA 위원 등으로 활동했다. 이 무렵 그는 최병헌(崔炳憲;제4대(1902-1913))·손정도(孫貞道;제6대(1915-1918))·이필주(李弼柱;제7대(1918-1919)) 등 정동제일교회 담임목사들에게서 민족주의적 신앙을 전수받았다. 또한, 그는 언론 기관에 근무하면서 사회적으로 폭넓은 교제를 하였으며, 국제 정세의 정확한 정보를 접할 수 있었다. 특히 그는 미국의 윌슨(Wilson, Thomas Woodrow) 대통령이 주창한 민족 자결주의에 공감하여 우리 민족도 독립에의 의지를 세상에 밝혀야 한다는 의식을 갖게 되었다.

1919년 2월 20일경 기독교측 독립 운동가들의 연락책 역할을 하고 있는 YMCA 간사 박희도(朴熙道)를 기독교신보사 사무실에서 만나 자신의 독립운동 의지와 그때까지 은밀하게 추진되던 독립 선언 운동에 참여할 의사를 밝혔다. 2월 27일 낮 이필주 목사의 사무실에서 이루어진 민족 대표 33인으로 정동제일교회의 담임목사 이필주와 함께 기독교계 대표자 서명에 그도 동참하였다. 그는 3월 1일 태화관에서 거행된 독립 선언식에 참여하고 현장에서 바로 남산에 위치한 왜성대(倭城臺)의 경무총감부에 연행되어 보안법 및 출판법 위반으로 2년형을 선고받아 서대문형무소에서 옥고를 치른 뒤 출옥하여, 일제의 삼엄한 감시와 방해공작을 받으면서도 꾸

준히 언론 및 교회를 통한 민족 운동을 전개하였다. 1924년에는 조선기독교창문사의 기관지《신생명》의 주간에 취임하여, 3·1 운동 이후의 암울한 현실을 타파하고 새로운 활력을 불어넣으려는 노력을 하였다. 1927년 신간회(新幹會) 창설 때 박동완은 이상재(李商在), 조만식(曺晩植), 유억겸(兪億兼), 이갑성(李甲成), 이승훈(李昇薰) 등과 함께 기독교계 대표로 신간회 조직에 참여하였고, 그는 상임간사가 되어 실무를 맡아 수행하였다. 그러나 신간회의 활동과 그의 존재에 대해 신경을 곤두세우고 있던 일제는 서서히 체포망을 좁혀 왔다. 결국 신간회는 1929년 광주 학생 사건을 핑계로 일제에 의해 해산되고 만다. 국내에서는 민족 운동을 전개할 수 없음을 알고서, 그는 해외 망명을 계획하였다. 그는 1928년 중반 하와이로 파견되어 현지의 오아후 섬에서 목사로 12년간 재직하면서《한인기독교보》를 창간하는 등 목회 활동을 하면서 교회 부설 한글학교를 확장하여 한국의 역사와 문화까지 가르쳤다. 대한민국 정부는 1962년 대한민국 건국훈장 대통령장을 추서했고, 그의 묘는 1966년 현재의 국립대전현충원 애국지사 묘역으로 이장하였다. 3·1 운동 이후 일본과 같은 시간을 쓰지 않기 위해 시계를 30분씩 늦춰 놓고 사용할 정도로 반일 의식이 강했다는 일화가 전해지고 있다.

5. 박희도(朴熙道); 3·1 운동 민족 대표 33인의 한 사람

[1889년~1951년=63세]. 박희도 목사는 1918년 12월 초순 일본 유학생 대표 송계백(宋繼白)을 통하여 알게 된 '2·8 독립운동'의 계획과 미국 대통령 '윌슨의 민족 자결주의 선언'을 듣게 된다. 1919년 1월 조선기독교청년회연합회 회원부 위원인 연희전문학교(현재 연세대학교 전신) 학생 김원벽(金元壁)과 의논하여 보성전문학교(현재 고려대학교 전신)와 연희전문학교 등 각 학교 학생대표를 대관원(大觀園)에서 만나 국내의 학생들을 중심으로 운동 전개를 꾀하다가, 전 기독교인의 이름으로 발표할 것을 계획하였다. 그 뒤 천도교측의 제안을 받아들여 거족적인 민족 운동 계획을 추진, 기독교 대표들이 회동하였으나 일시 좌절의 위기도 있었다.

그러나 2월 22일 이승훈(李承薰)·오화영(吳華英)·이갑성(李甲成)·함태영(咸台永)·안세환(安世桓) 등이 모인 비밀 회의에서 합동할 것을 최종 결정하여, 1919년 3월 1일 민족 대표 33인의 1인으로서 독립 선언문에 서명하고 태화관 회의에 참석하였다. 그날 남산에 위치한 왜성대(倭城臺)의 경무총감부에 구금, 2년형의 옥고를 치른 뒤 중앙유치원의 원감을 지내면서 잡지《신생활》을 창간, 1922년 11월 13호의 기사로 3년간 함흥감옥에서 옥고를 치렀다. 1924년 말 출옥한 뒤 독립 계몽 운동을 전개하기도 하였다.

4장 하나님! 이 나라 백성들을 불쌍히 여겨 주옵소서.

1919년 3월 13일

유관순도 사촌 언니 유예도와

그리고 함께 했던 학우들 몇 명과 고향 행 기차에 몸을 싣고 있었다.

하나님!
잔 다르크처럼 나라를 위해 이 한 목숨 바칠 수 있도록 해 주십시오.

얘들아, 기차 바퀴 구르는 소리 들어봐. 무슨 말소리 같지 않니?

천안역에서 친구들과 독립된 그날에 다시 만나기로 한 유관순은 유예도와 함께 마을로 돌아 왔다.

전국 각지에서는 끊임없이 의병들이 일어나 만세를 부르며 일본에 저항했으나, 유관순의 지령리 마을은 너무나도 조용하기만 했다.

지령리뿐만 아니라 병천 일대가 쥐 죽은 듯이 조용하기만 했다.

고향에 돌아온 유관순은 휴교령이 풀릴 때까지 마을 사람들에게 신학문이나 가르치다가 상경할 작정이었다.

그동안 방학이면 고향에 내려와 마을 사람들에게 오빠 우석과 사촌 언니 예도와 함께 신학문을 가르치곤 했었기 때문이다.

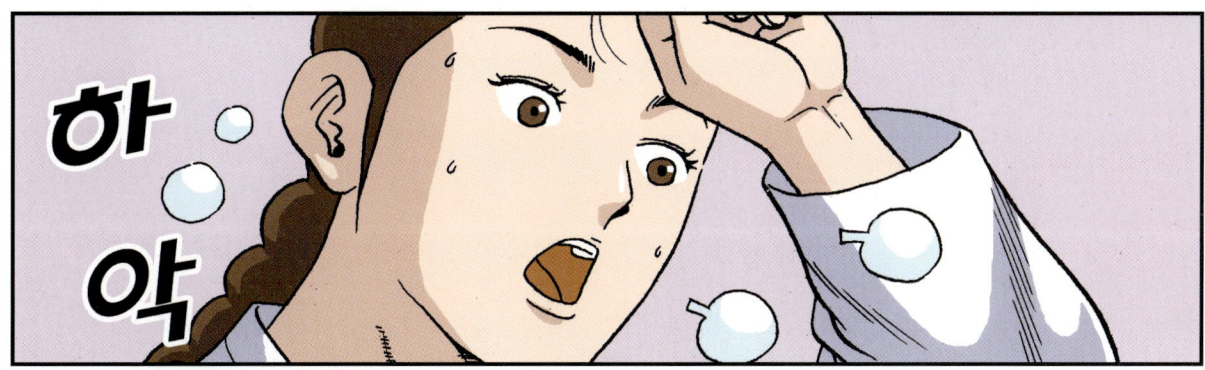

특히 3월 28일의 입장면 만세 시위는 직산 금광회사 광산노동자 200여 명이 참가했으며, 31일의 성환면 시위는 농민 수천 명이 참가했다. 특히 4월 1일은 음력 3월 1일이며, 전국적으로 1일장이 서는 날이고, 3·1절 1개월이 되는 날이므로 특히 많은 곳에서 많은 인파가 만세 운동을 펼쳤다.

유관순은 사촌 언니 유예도와 함께 인근 지역의 마을을 돌며 만세 운동에 동참할 것을 권유하기로 했었다.

그런데 유예도가 급작스레 몸살이 난 데다, 어머니까지 병이 나 몸져누운 상태였다. 관순은 하루 종일 끼니도 제대로 챙겨 먹지 못했지만, 오늘 혼자서 돌아야 하는 마을만도 병천면, 수신면, 성남면, 동면, 북면, 목천읍까지 여섯 지역으로 모두 70여 리(28Km)였다.

"음력 삼월 초하루 아우내 장날 정오입니다."

"태극기는 저희들이 준비해 놓고 기다리겠습니다!"

"모두들 장꾼으로 변장 해 주십시오."

"휴우… 지난 며칠 동안 쉬지 않고 천안과 충청권 전역을 돌아다녔더니, 다리가 아프네."

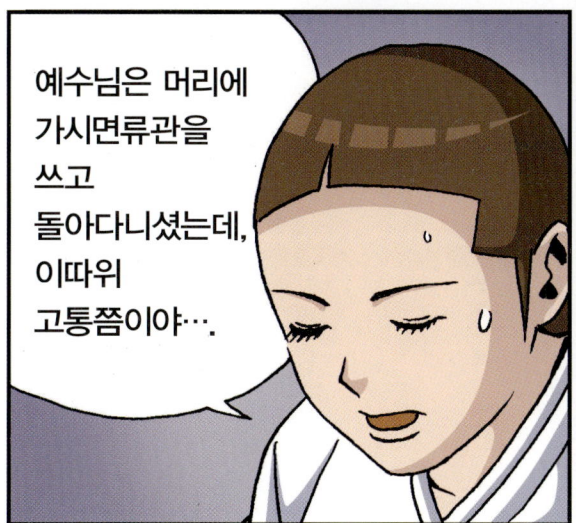
"예수님은 머리에 가시면류관을 쓰고 돌아다니셨는데, 이따위 고통쯤이야…."

보통 사람이라면 참아 내기 어려운 고통이었지만, 그때마다 유관순은 예수님의 고난과 잔 다르크의 애국심을 생각하며 힘을 북돋웠다.

다음날도 유관순은 조치원 쪽으로 속세말, 발어미, 한신, 상노정 등 80여 리를 돌아야 했다.
다음날은 연기군 쪽이었다.

그 다음날은 보평, 번개, 화산, 삽다리. 모산 벌터…

어떤 날은 한밤중에 공동묘지를 지나야만 했고…

또 어떤 날은 집으로 돌아가는 길에 날이 어두워 호랑이가 출몰한다는 드므실 고개를 홀로 넘기도 했다.

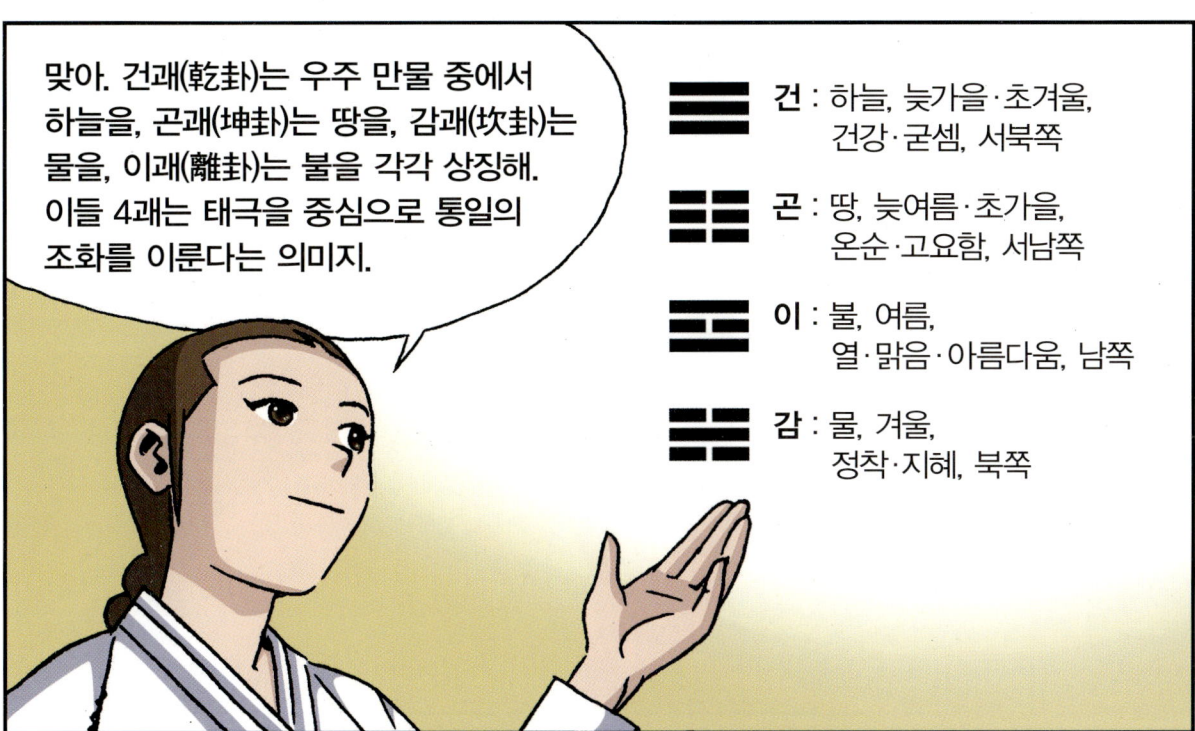

거사일을 하루 앞둔 날, 유관순은 매봉산에 봉화를 올려 신호를 하는 것으로 각 마을의 참석 의사를 밝히기로 했던 것이다.

하나… 둘… 셋… 넷… 다섯 여섯 일곱…

그 횃불의 수는 자그마치 스물네 개나 되었다. 이 날 이후 유관순은 횃불낭자로 불리게 되었다.

유관순은 그동안의 고생이 봄눈 녹듯 사라지는 것 같았다.

이화학당 시절 유관순 열사의 친구들

1. 서명학(徐明學)

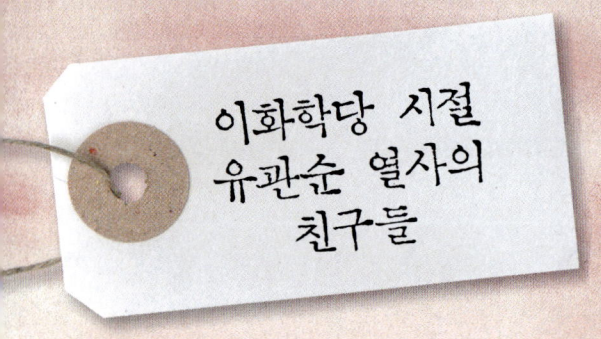

[1905년~1990년=86세]. 유관순의 이화학당 친구인 서명학은 이화여자고등보통학교와 이화여자전문학교를 거쳐 일본 기치조지 여자체조음악학교[吉祥寺女子體操音樂學校]를 졸업하였다. 그녀는 1925년 이화여자고등보통학교 교사로 출발하여 이화여자중고등학교에서 교무주임과 교감을 거쳐 1971년 이화여자고등학교 교장으로 정년퇴임할 때까지 55년간을 이화에서 보낸 이화 역사의 증인으로, 졸업생 중 첫 번째 교장을 지냈다. 당시 여자로서는 드문 체육 교육의 길을 걸으면서 건전한 사상과 고매한 인격은 건강한 육체에서 나온다고 가르쳤다.

그리고 그녀는 런던·헬싱키·로마·동경 등의 올림픽을 비롯하여 아시아대회 및 각국의 동계올림픽에 한국 체육 발전의 탁월한 지도자로서 또는 체육위원으로서 참가하였으며, 문교부체육상 심사위원, 서울특별시교육위원회 자문위원, 문교부체육심의회 의원, 대한체육회 이사, 대한민국체육상 심사위원, 대한올림픽위원회 상임위원 등의 많은 공직을 역임하였고, 서울특별시문화체육상·한국체육상·서울특별시학도체육공로상·국민포장·대한교육연합회 교육공로상 등을 수상하였다.

한편, 서명학은 정동제일교회 장로를 지내면서 기독교 정신에 입각한 '자유·사랑·평화'라는 이화의 교훈 하에 학생들의 내면적 성숙을 이끌어 왔다. 이화 발전을 위해 1970년 본관을 준공했고, 1974년 유관순기념관을 건립했으며, 1967년 유관순의 고향에 유관순이 어린 시절 다니던 매봉교회를 건립했다. 그녀는 '여자는 언제나 자기가 여자라는 긍지를 잊어서는 안 된다'라고 퇴임사를 남겼다.

2. 남동순(南東順)

[1903년~2010년=108세]. 남동순은 충청남도 천안에서 태어나 6살 때 유관순을 만나 소꿉친구로 자랐으며, 1919년에는 이화학당 재학 중 열사와 함께 3·1 만세 운동에 가담했다가 붙잡혀 서대문형무소에서 옥고를 치렀다. 3·1 운동 직후 해공 신익희 선생이 결성한 독립운동 단체 '7인 결사대'에 유일한 여성 대원으로 참가해 만주와 연해주의 독립군에 군자금을 전달하는 등의 독립운동을 했다. 광복 후에는 독립촉성부인회와 대한애국부

인회 등에서 임원으로 활동했으며, 1953년 서울 낙원동에 '한미고아원'을 설립해 1천여 명의 전쟁 고아를 돌보는 등 평생을 사회 봉사에 바쳤다.

유관순의 당시 활동상을 기억하는 마지막 생존자로 여겨져 온 그녀는 2007년 유관순 열사의 새 표준영정 제작에 참여해 얼굴 생김새, 체형, 복식 등을 증언하기도 했다. 3·1 정신 대상, 문화시민상, 국민훈장 목련장, 제1회 윤희순상 등을 받았다.

3. 이정수

[1904년~2006년=103세]. 법명이 보각인 이정수는 결혼 후 불교에 귀의하였다. 이화학당을 졸업하고 일본 도쿄제국대에서 사회학을 전공한 그녀는 출가 이전 국방부인회장, 불교부인회장, 마야부인회장 등을 역임하며 활발한 사회 활동을 했다.

그녀는 1919년 이화학당 시절 친구인 유관순과 함께 3·1 운동을 했다. 그녀는 이화학당 시절 자신보다 한 학년 아래였지만 나이는 두 살 위인 유관순과 5년간 한방을 쓰며 절친한 친구로 지냈다. 유관순과 고향으로 돌아가는 기차 안에서의 일화와 이화학당 시절 명태 기도의 일화가 전해지고 있다.

5장 아우내 장터

※실제 태극기는 유관순과 유관순의 어머니 이소제 여사와 유예도 등 여성들이 치맛주름 사이에 감추어 나누어 주었다.

일본 헌병 집계 약 3,000여 명의 시위 군중을 이루었다.

[풀이]

공약삼장

하나. 오늘 우리의 이 거사는 정의, 인도, 생존, 존영을 위하는 겨레다운 요구이니 오직 자유스런 정신을 발휘할 것이요, 결코 배타적인 감정으로 일주하지 말라.

하나. 최후의 한 사람까지, 최후의 일각까지 겨레의 정당한 의사를 쾌히 발표하라.

하나. 온갖 행동은 가장 질서를 존중하여, 우리의 주장과 태도를 어디까지나 광명정대하게 하라.

재판 판결문에 의하면, 장날이고, 군중이 집결한다는 소식을 듣고서 주재소 고야마 소장은 무장을 하고 출동하였으며, 주재소에는 한국인 보조 2명이 지키고 있었다. 일본군 헌병은 시위대가 주재소 50보 앞에까지 오자 정지를 명령하였으나, 멈추지 않자 발포를 했다.

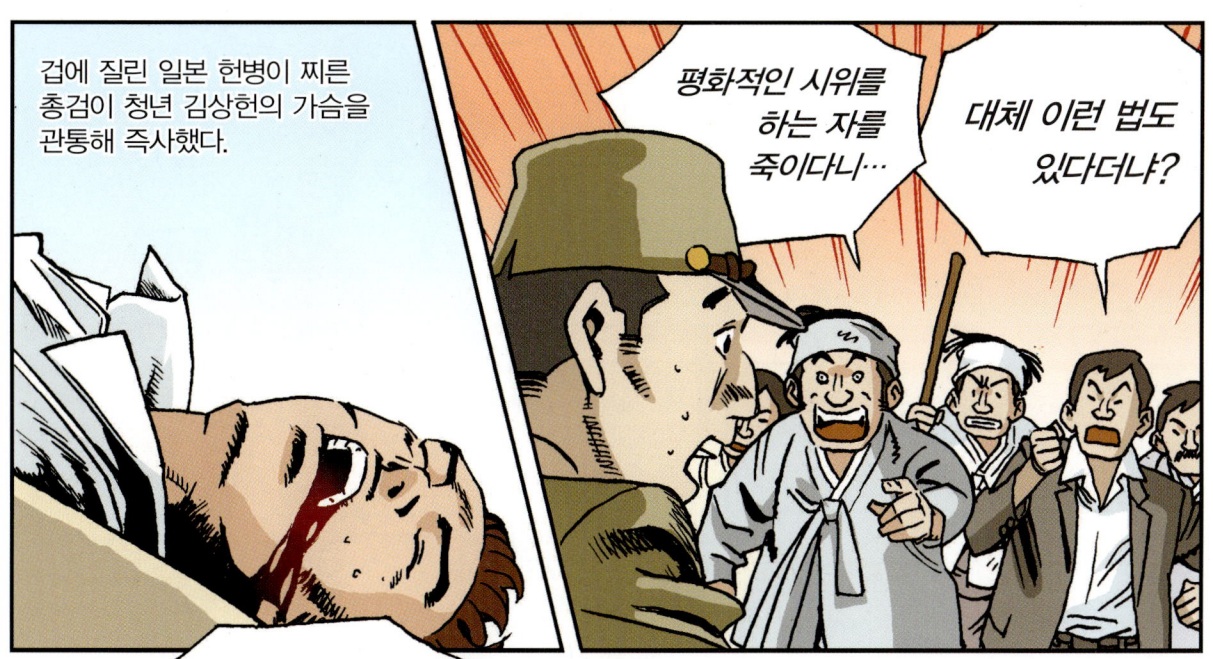

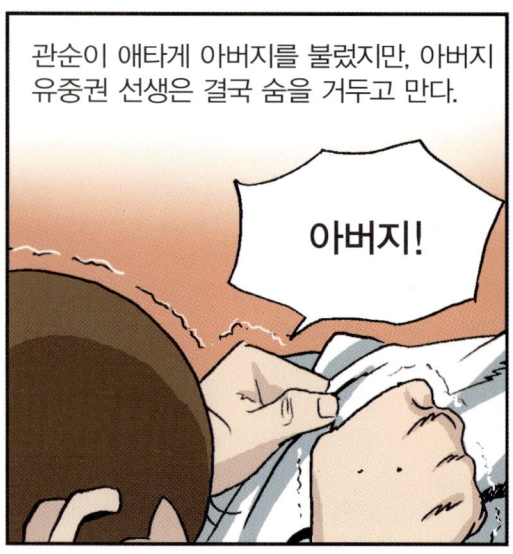

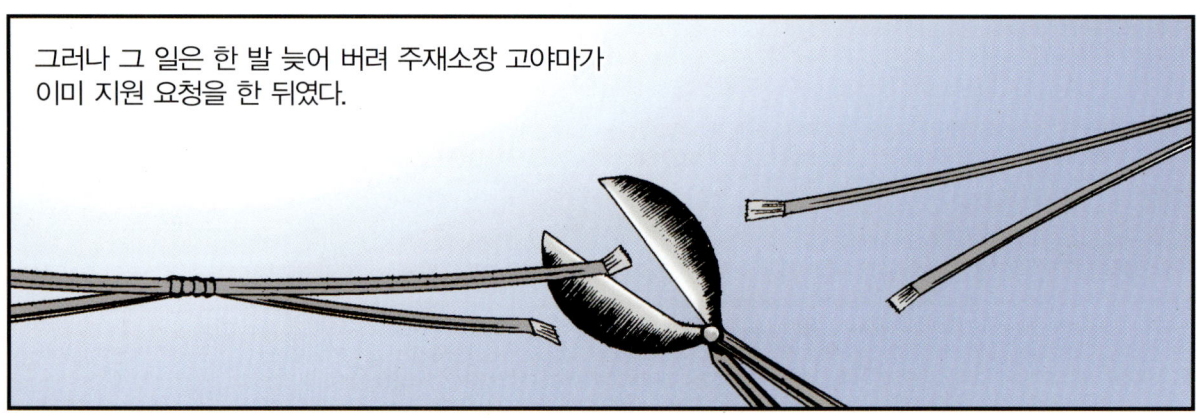

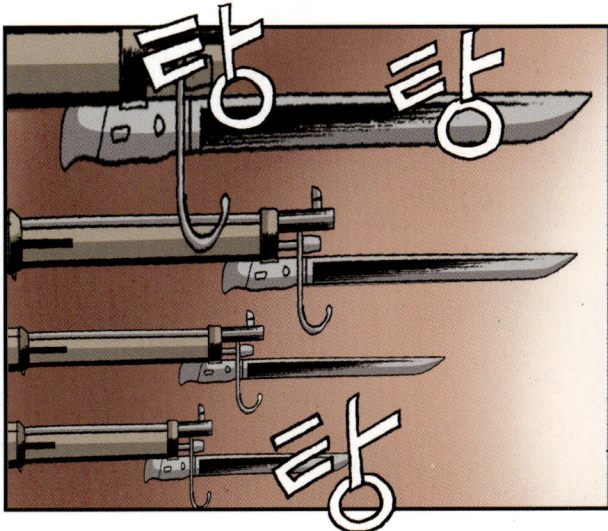

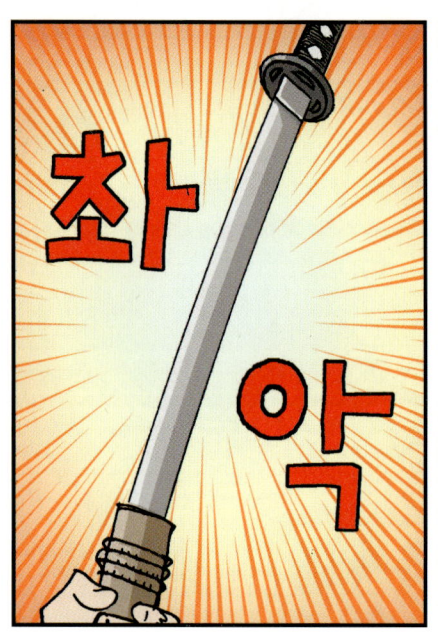

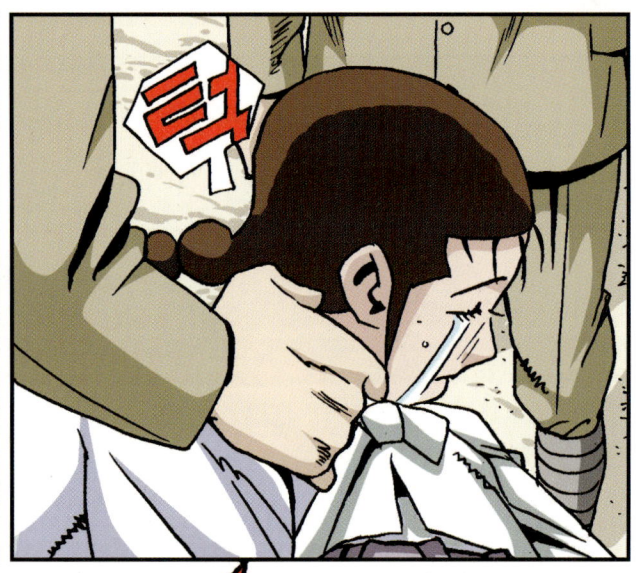

1919년 4월 1일 아우내 장터에서 일어났던 만세 운동은 단 한 시간 만에 삼천여 명이나 모여들었다. 이 날 시위에서 유관순의 아버지와 어머니를 비롯하여 19명이 목숨을 잃었고, 30여 명이 부상을 입었으며, 유관순, 유중무, 조인원, 김용이, 김교선, 한동규 등 16명이 체포되었다.

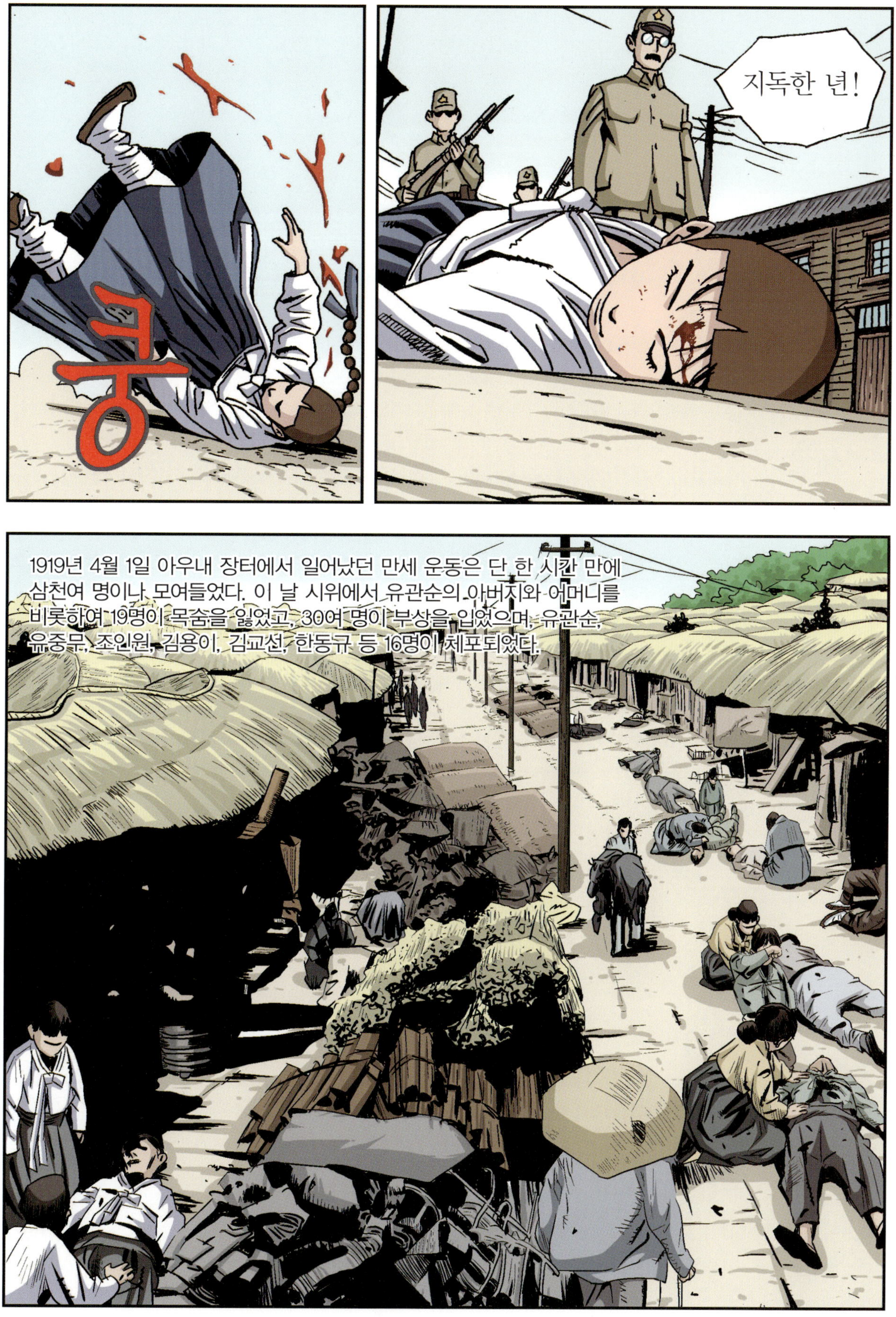

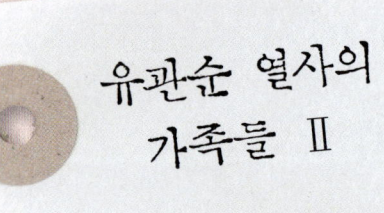
유관순 열사의 가족들 Ⅱ

1. 유중권(柳重權) ; 유관순의 아버지

[1863년~1919년=57세]. 유중권은 1919년 4월 1일, 홍일선(洪鎰善)·김교선(金敎善)·유중무(柳重武)·조인원(趙仁元)·딸 유관순(柳寬順)과 함께 갈전면(葛田面) 아우내[幷川] 장터의 대대적인 독립 만세 운동에 참여하였다. 그들은 조인원이 태극기와 '대한 독립'이라고 쓴 큰 깃발을 세워 놓고, 독립 선언서를 낭독한 후 대한 독립 만세를 선창하자, 3천여 명이 운집한 아우내 장터는 삽시간에 독립 만세 소리로 온 천지가 진동하였으며, 여세를 몰아 시위 군중이 일본 헌병주재소로 접근하자 시위대열의 기세에 놀란 일본 헌병이 기총을 난사하고, 천안에서 불러들인 헌병과 수비대까지 합세하여 총검을 휘둘러대었다. 이 야만적인 일본 군경의 흉탄에 맞아 그도 현장에서 순국하였다. 정부에서는 그의 공을 기리어 1963년에 대통령표창, 1991년에 건국훈장 애국장을 추서하였다.

2. 이소제(李少悌) ; 유관순의 어머니

[1875년~1919년=45세]. 이소제는 1919년 4월 1일 갈전면(葛田面) 아우내[幷川] 장터에서 전개된 대대적인 독립 만세 시위 운동에 참여하였다. 이 날 그녀는 거사 전 아우내 장터에서 딸 유관순(柳寬順)과 조카딸 유예도(柳禮道) 등 다른 여성들과 함께 만세 시위에 사용할 태극기를 치맛주름 사이에 감추어 나누어 주는 역할을 했다. 그녀는 남편 유중권(柳重權), 딸 유관순과 함께 독립 만세 시위 군중에게 휩싸여 헌병주재소로 달려가 독립 만세를 부르다가 잔인무도한 일본 경찰이 주재소에서 난사한 기총과, 무자비하게 휘두르는 총검에 맞아, 남편과 함께 현장에서 순국하였다. 정부에서는 그녀의 공을 기리어 1963년에 대통령표창, 1991년에 건국훈장 애국장을 추서하였다.

3. 유중무(柳重武) ; 유관순의 작은아버지

[1875년~1956년=82세]. 선교사인 유중무는 유예도(柳禮道)와 유경석(柳京錫;유제경의 아버지)의 아버지이다. 그는 국채보상운동으로 소실된 지령리교회(매봉교회)를 유빈기(柳斌基), 케이블 선교사, 조인원(趙仁元)과 함께 재건했다. 그는 지령리교회 선교사로 있으면서, 1919년 4월 1일 홍일선(洪鎰善)·김교선(金敎善)·한동규(韓東奎)·이순구(李旬求)·조인원·유관순(柳寬順) 등이 갈전면(葛田面) 아우내[幷川] 장날을 이용하여 일으킨 대

대적인 독립 만세 시위에 참여하였다. 이 날 그는 선두에 서서 태극기를 흔들며 독립 만세를 외쳤다. 일본 헌병 주재소에서는 이 시위 대열의 기세에 놀라 기총을 난사하고, 또 천안에서 불러들인 일본 헌병과 수비대까지 가세되어 무자비하게 총검을 휘둘러대며, 야만적인 발포가 계속될 때 유중권(柳重權) 등 19명이 현장에서 순국하고 30여명의 부상자가 발생했다. 그는 시위군중과 함께 일본 군경의 발포로 순국한 형 유중권의 시신을 둘러메고 주재소로 달려가, 두루마기의 끈을 풀어 헌병의 목을 졸라매며 헌병보조원 맹성호(孟星鎬)에 대하여 "너희는 몇 십년이나 보조원 노릇을 하겠느냐"고 꾸짖는 등 항의하다가 체포되었다. 그는 이 해 9월 11일 고등법원에서 3년형이 확정되어 옥고를 치렀다. 정부에서는 그의 공을 기리어 1977년에 대통령표창, 1990년에 건국훈장 애족장을 추서하였다.

4. 유예도(柳禮道) ; 이화학당을 함께 다닌 유관순의 사촌 언니

[1896년~ ? = ?]. 애다(愛多), 애덕(愛德)이라고도 불린 유예도는 1919년 서울에서의 3·1 운동과 3월 5일 만세 운동에 사촌 동생 유관순(柳寬順)과 함께 참가해 독립 만세 시위에 가담하였다. 3월 13일에는 유관순과 함께 귀향하여 갈전면(葛田面) 아우내[幷川] 장터에서 4월 1일을 기하여 독립 만세 시위를 계획하고 동리 어른들과 상의하였다. 4월 1일 3천여 명의 시위군중과 함께 독립 만세를 고창하며 태극기를 흔들고 시가를 행진하면서 시위를 계속하다가 일본 헌병의 야만적인 발포와 함께 주모자 검거가 시작될 때, 아버지 유중무(柳重武)와 유관순 등 많은 사람들이 체포되었으나 그녀는 혼란한 틈을 이용하여 가까스로 피신하였다. 아들 한필동이 있다. 정부에서는 그녀의 공을 기리어 1977년에 대통령표창, 1990년에 건국훈장 애족장을 수여하였다.

5. 조인원(趙仁元) ; 독립운동가 조병옥 박사의 아버지

[1865년~1932년=68세]. 조인원은 국채보상운동으로 소실된 지령리교회(매봉교회)를 유빈기(柳斌基), 케이블 선교사, 유중무(柳重武)와 함께 재건했다. 그는 지령리교회 속장으로 있으면서, 1919년 4월 1일 홍일선(洪鎰善)·김교선(金敎善)·한동규(韓東奎)·이순구(李旬求)·유관순(柳寬順)·유중무 등이 갈전면(葛田面) 아우내[幷川] 장날을 이용하여 일으킨 대대적인 독립 만세 시위에 참여하였다. 이 날 오후 1시경 그가 태극기와 '대한 독립'이라고 쓴 큰 깃발을 세우고, 독립 선언서를 낭독한 후 대한 독립 만세를 선창하자, 3천여 명이 운집한 아우내 장터는 대한 독립 만세 소리로 진동하였다. 그는 이 해 9월 11일 고등법원에서 1년형이 확정되어 옥고를 치렀다. 정부에서는 그의 공을 기리어 1991년 건국훈장 애국장을 추서하였다. 그의 아들로서 조병옥이 있다.

6장 나라가 없는 이 땅은 어디를 가도 감옥

천안 헌병대

4월 1일 아우내 장터에서 만세를 부르다가 체포되어

천안 헌병대 유치장에 갇힌 많은 사람들은 이런 저런 조사를 핑계로 1주일이 넘게 고통을 받아야만 했다.

유치장 바닥에서 올라오는 차가운 냉기 때문에 멍들고 상처 입은 관순의 몸은 자꾸만 움츠러들었다.

더구나 체포될 당시에 입은 상처와 피멍뿐 아니라 매일 거듭되는 혹독한 매질과 모진 고문 때문에 온 몸은 만신창이가 되어 있었다.

하지만 무엇보다 관순의 마음을 아프게 하는 것은 부모님께서 자신 때문에 돌아가셨다는 자책감 때문이었다.

아버지…
어머니…

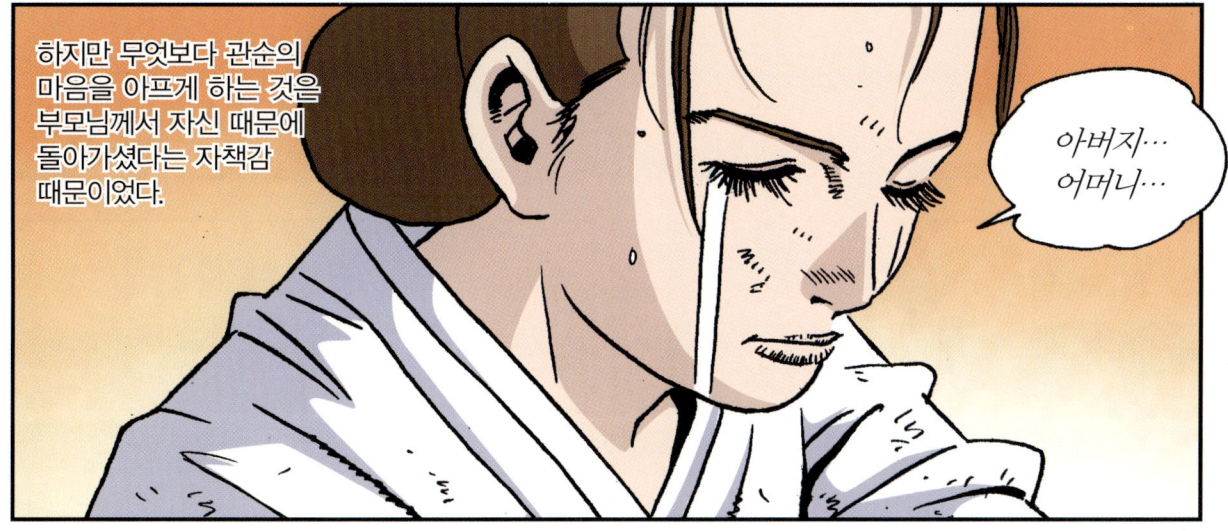

철부지 동생들은 어디에 있는지…

그나마 오빠가 공주형무소에 갇혀 있다는 사실을 알아 낸 것이 전부였다. 그것도 체포자 명단을 전달하는 헌병들의 전화 통화 내용을 우연히 들어서 알게 된 것이었다.

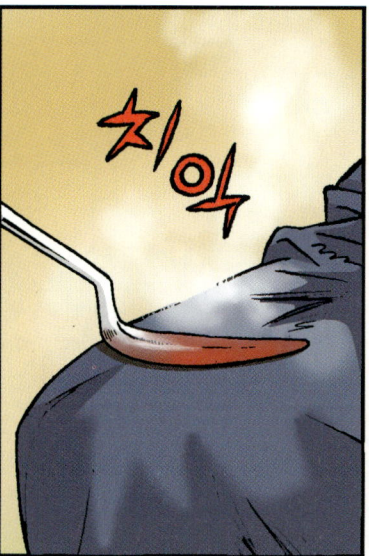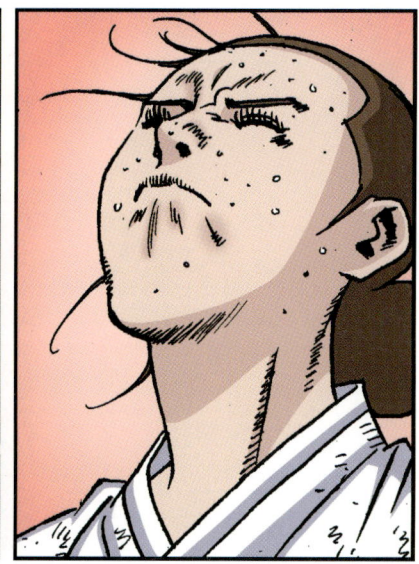

매일 반복되는 고문에도 의연하게 버티는 유관순에게 일본인 조사관은 점점 오기가 생겨서 고문은 점점 더 혹독해졌다. 하지만 유관순은 항상 똑같은 대답뿐이었다.

말해! 어서 말하란 말이다.

나를 내보내라. 나는 죄가 없다! 대체 무슨 권리로 남의 나라에서 사람들을 죽이고 고문을 한단 말이냐!

결국 열흘 후, 유관순은 공주형무소로 이감되었다.

호송 경관의 만류로 오랜 시간을 함께 할 수가 없었다. 다만…

관순은 부모님께서 돌아가셨다는 말만은 잊지 않았다.

그것은 장남인 오빠에 대한 알 권리이자 예의였다.

다른 죄수들은 푸른색의
수의를 입었지만, 관순만큼은
중죄인들에게만 입히는
붉은 황토색 수의를 입었다.

당시 서대문형무소에는 관순의 이화학당 스승이었던 박인덕 선생도 수감이 되어 있었다. 그녀는 휴교령이 떨어지던 그날 비밀리에 체포되어, 학생들에게 민족 정신을 불어넣었다는 명목하에 모진 고문과 매질을 받은 후 이곳에 수감 중이었다.

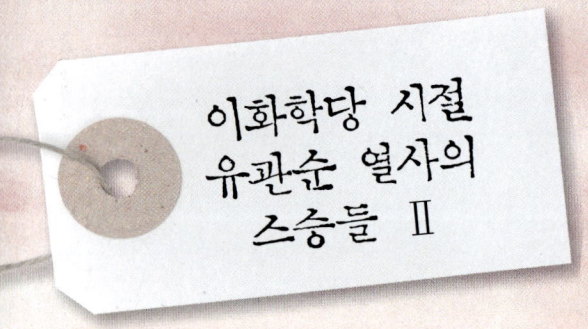

이화학당 시절 유관순 열사의 스승들 Ⅱ

1. 자네트 A. 월터(J. A. Walter) ; 제 5대 이화학당 당장(교장)

[1885~ ? = ?]. 월터는 1885년 2월 미국 펜실베이아주 라트로브에서 태어났으며, 노스웨스턴 대학과 콜럼비아 대학에서 수학했다. 이화학당에서 영어, 체육을 담당했고, 학업 지도와 행정면에서 탁월한 능력을 나타내었으며, 특히 보건 위생면에 큰 관심을 기울였다. 1920년에 당장서리로, 1921년부터 1922년까지 이화학당 5대 당장을 맡았다. 당장직 퇴임 후에도 이화학당의 매니저로서의 능력을 발휘하였다.

그녀는 유달리 학생 사랑이 깊어 1920년 10월 옥사한 유관순(柳寬順)의 시신을 인수하여 학교장을 치루기도 하였다. 1959년 5월 이화여자대학교에서 명예 문학박사 학위를 받았다.

2. 김현경(金賢敬)

[1897년~1986년=90세]. 김현경은 1919년 4월 1일 공주면(公州面) 공주시장(公州市場)에서 전개된 독립 만세 운동에 참가하였다. 이곳의 독립 만세 운동은 3월 12·15일 만세 시위에 이어 4월 1일 공주 장날 영명학교(永明學校) 교사 김관회(金寬會)·이규상(李圭尙)과 학생 유우석(柳愚錫 ; 유관순 오빠) 등에 의하여 이루어졌다. 3월 31일 오후 3시 경, 이들은 영명학교 기숙사에 모여 윤봉균(尹鳳均)이 경성에서 가져온 독립 선언서를 바탕으로 대한 독립 사상을 고취하고 시위 운동을 선동하는 문건을 작성하고, 1,000매를 등사하였다. 4월 1일 오후 2시경 인쇄된 선언서와 태극기를 들고 공주 시장으로 가서 군중들에게 나눠 주었다. 이 때 김현경은 이규상으로부터 태극기를 받고 독립 만세 운동에 참가하였다. 이 일로 일경에게 검거되어, 이 해 8월 29일 공주지방법원에서 소위 보안법으로 징역 4월, 집행 유예 2년을 받았다.

출옥 후 이화학당 교사로 재직 당시 1920년 10월 유관순(柳寬順)이 옥사 순국하자, 이화학당 월터 당장(서리) 선생과 유관순 오빠 유우석(柳愚錫)과 함께 서대문형무소를 찾아가 유관순의 시신을 인수하여 학교장을 치르기도 하였다. 정부에서는 고인의 공훈을 길어 1998년에 건국포장을 추서하였다.

3. 박인덕(朴仁德)

[1896년~1980년=85세]. 박인덕은 엘리스 샤프(Alice Hammond Sharp) 선교사의 추천으로 이화학당에 입학해 1912년 이화학당 중학과를 제5회로 졸업하였고, 1914년부터 이화학당에서 영어, 기하, 체육, 음악 등을 가르쳤다. 1919년 3·1 운동 때 연행되어 몇 달간 구금되기도 했다. 당시 이화학당에서는 유관순(柳寬順) 등 학생들이 3·1 운동에 대거 가담했기 때문에, 이들의 스승 중 신준려(申俊勵)와 박인덕이 학생들을 선동한 교사로 지목된 것이다. 박인덕은 그 해 말에는 대한애국부인회에 참가한 것이 확인되어 한 차례 더 투옥되었다.

그녀는 1926년 미국 웨슬리안 대학교에서 학사 학위를, 컬럼비아 대학교에서 석사 학위를 받았다. 미국 유학 중에 김마리아, 황애덕 등과 함께 민족주의적인 여성 유학생 모임인 근화회를 조직하여 국내 정세를 외국인들에게 알리는 활동을 하였다. 해외 선교를 위한 학생 자원 운동에 가담하여 미국과 유럽을 순회하며 강연을 하고, 1931년 귀국 이후 농촌 계몽과 여성 계몽을 위주로 사회 활동을 하였다. 1941년 덕화여숙을 설립하였고, 1950년대에는 미국에 주로 머무르면서 강연과 저작활동을 하였으며, 1962년에 인덕대학의 전신인 인덕실업학교를 설립하였다.

4. 김활란(金活蘭)

[1899년~1970년=72세]. 평생을 독신으로 지낸 김활란은 일제 강점기 대한민국 여성 운동가, 계몽 운동가, 언론인, 교육인, 한국 최초의 여성 박사 학위자이다. '활란(活蘭)'이라는 이름은 세례명인 헬렌(Helen)을 한자어로 표기한 것이다. 1907년 이화학당에 입학한 그녀는 이화학당 대학부 시절 제3대 메이퀸으로 뽑혔으며, 졸업식에서는 자신의 논문 「여자의 고등교육과 가정」을 주제로 한국어와 영어로 강연을 하였다. 1918년 3월 이화학당 대학과 졸업 직후부터 그녀는 이화학당 고등보통과의 교사로 활동했다. 1919년 이화학당 교사로 재직 중 3·1 운동이 일어나자, 그녀는 비밀 결사에 참여했다. 그리고 그녀는 1930년 미국 콜럼비아 대학교 대학원에 입학하여 1931년 10월 우리나라 여성으로는 처음으로 철학박사 학위를 받았다.

김활란은 1939년 한국 여성 최초의 전문학교 교장으로 이화여자전문학교 제7대 교장으로 취임해서, 1946년 이화여자 종합대학교 초대 총장이 되어 역사의 격동기를 거치면서 끊임없이 학교를 발전시켰다. 1961년 9월 30일 김옥길(金玉吉, 1921~1990; 훗날 최초의 여성 문교부 장관)에게 총장직을 물려준 그녀는 명예총장과 이사장직을 맡는다. 적십자사 일과 1922년에 창설된 기독교청년회연맹(YMCA)에서의 활동이 대표적인 것이다. 김활란은 1963년 교육부문 대한민국상, 필리핀의 막사이사이상 공익부문상, 미국 감리교회에서 주는 다락방상을 받았으며, 1970년 사후 대한민국 정부에서 '대한민국 일등수교훈장'을 추서 받았다.

7장 마지막 만세

대한 독립 만세

형무소에서 흘러나온 만세 소리는 담장을 넘어 시민들의 합류로 냉천동, 합동, 서소문 일대로 성난 파도처럼 번져 나갔다.

그 일로 서울 장안에 전차가 불통이 되고 경찰기마대가 비상 출동하는 사태로까지 빚어지고 말았다.

이 날 공주형무소에 수감 중이던 관순의 오빠 유우석도 풀려났다.

그러나 모진 고문과 구타로 관순은 회생이 불가능할 정도로 몸이 만신창이가 되어 있었다.

유관순도 자신의 생명의 불꽃이 꺼져 가고 있다는 사실을 느끼고 있었다.

엄마… 보고 싶어…

관순은 죽기 전에 꼭 조국의 독립을 보고 싶었다. 하지만… 그러지 못할 것 같다는 불안감이 들었다.

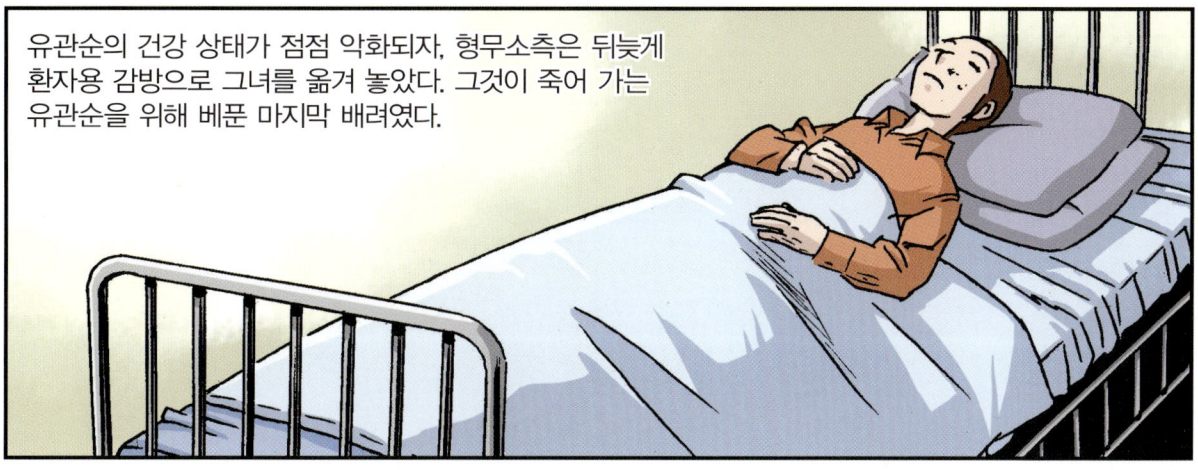

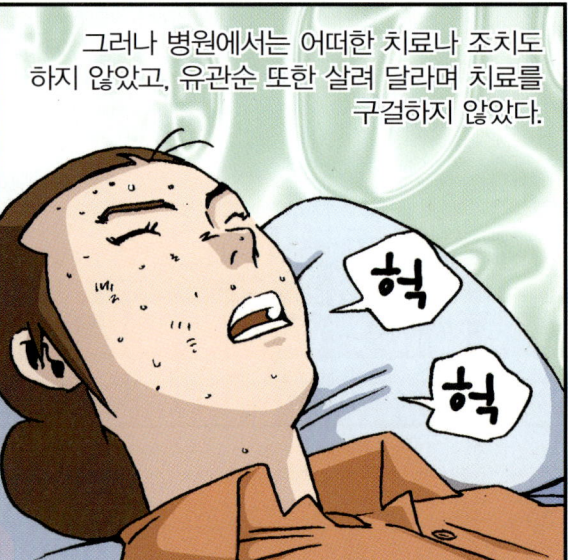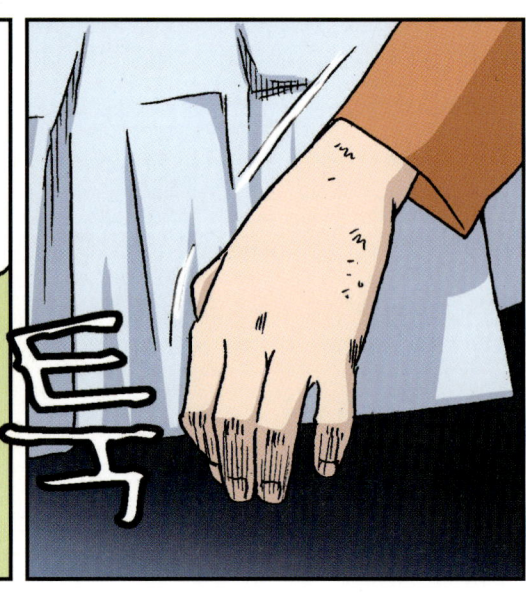

1920년 9월 28일 오전 8시 20분.
3·1 운동의 배꽃, 유관순은
그렇게 옥중에서 순국한다.

일제는 유관순의 죽음을 함구했다.

유관순의 시신에 있는 많은 고문 자국이 국제 문제를 일으킬
수 있기에 시신조차 빼돌리고 돌려 주지를 않았고,
월터 당장(서리) 선생의 강력한 항의에 비로소
일제는 어쩔 수 없이 유관순의 시신을
넘겨줄 수밖에 없게 되었다.

7장 마지막 만세 199

※유관순의 오빠 유우석과 월터 당장(서리) 선생, 김현경 선생, 김활란 선생, 서명학 등 결사대 친구들이 참석했다.

그러나 이후 아쉽게도 유관순의 무덤은 훼손되어 찾지 못하였다.
그 후 1962년 3월 1일…

국가에서는 유관순에게 대한민국 건국공로훈장을 수여하고, 1972년에는 열사의 정신을 후세에 길이 전하기 위하여 추모각을 건립하였으며, 그 해 10월 14일 이를 사적 제230호로 지정하였다.

유관순 그녀는 말하고 있다.
오늘 우리들이 느끼는 자유와 행복은… 바로 그날의 함성이 있었기에 가능한 것이라고…

펑!
펑!

〈3·1 운동의 배꽃, 유관순…
그녀의 생애는 짧고도 험난했지만,
그녀의 아름다운 영혼은
우리의 민족혼을 영원히
밝힐 것이다.〉

유관순 열사와 함께하는 역사 속으로

1. 이화학당

1887년(고종 24년) 2월 고종황제가 외아문을 통해 '이화학당(梨花學堂)'이라는 교명과 현판을 하사한, 이화학당은 1886년(고종 23년) 해외여성선교회에서 파견된 미국 북감리교 여선교부 선교사 메리 F. 스크랜튼(Mary F. Scranton)이 경성 황화방(皇華坊 ; 지금의 서울 중구 정동)에 설립한 한국 최초의 근대식 사립 여성 교육 기관이다. 제1대 당장인 스크랜튼의 교육 이념은 기독교 교육을 통하여 한국 여성들을 '더 나은 한국인으로 양성하는 것', 즉 한국인의 긍지와 존엄성을 회복하고 진정한 한국인을 육성하는 것이었다.

메인홀

메리 F. 스크랜튼

한 명의 학생으로 시작한 이화학당은 점차 학제를 정비하여 1904년(고종 41년, 광무 8년)에는 중등과를, 1908년(순종 2년, 융희 2년)에는 보통과와 고등과를 신설함으로써 마침내 보통·중등·고등 과정의 일관된 학제를 마련하였다. 이화가 중등과를 먼저 설치한 것은 이화의 교육이 여성의 고등 교육을 지향해 왔음을 보여주는 것이며, 교사 양성이 시급했던 당시의 사회적 요구를 수렴한 것이었다. 이화학당은 1908년(순종 2년, 융희 2년) 6월 5명의 제1회 중등과 졸업생을 배출하였고, 1910년(순종 4년, 융희 4년)에는 4년제의 대학과를 설치하여 1914년 4월 신마실라·이화숙·김애식 등 한국 최초의 여대생을 배출하였다.

아울러 1914년에 이화유치원을, 1915년에 유치원사범과를 차례로 신설하고, 1917년에는 중등과를 대학예과로 개편하였다. 또한 1918년에 보통과와 고등과를 보통학교와 고등보통학교로 분립 개교하였고, 1925년에 대학과와 대학예과를 이화여자전문학교로 개편하였으며, 1928년에 유치원사범과를 이화보육학교로 독립하였다. 이렇듯 이화학당 내에 있던 각급 교육 기관들이 독자적인 발전을 추구하면서 독립된 학제로 운영됨에 따라 1928년에 '이화학

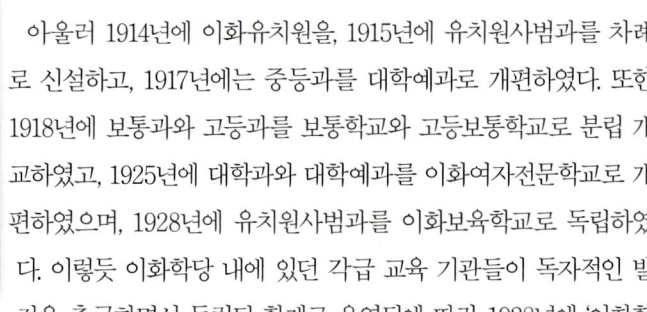

심슨홀

당'이라는 명칭이 공식적으로 폐기되었으나, 친근하고 익숙한 '학당'이란 칭호가 계속 사용되었다.

2. 서대문형무소

1907년(순종 원년, 융희 원년) 일제 강점기 때 일본 제국이 서울에 세운 서대문형무소(西大門刑務所, 서울특별시 서대문구 현저동 101번지)는 현재 그 건물에 독립공원의 서대문형무소 역사관이 자리잡고 있다. 대한 제국 말기에 지어져 일제 강점기 때의 독립운동뿐만 아니라 광복 이후 정치적 격변과 민주화 운동에 이르기까지 근·현대사의 고난과 아픔을 간직한 역사의 현장이다

일제 강점기 일본 제국은 본격적 침략의 일환으로 이에 저항하는 한국의 애국 지사들을 투옥하기 위하여 1907년(순종 원년, 융희 원년) 감옥을 건축하였다. 일본인에게 설계를 맡겨 500여 명의 기결수(既決囚)를 수용할 수 있는 560여 평의 목조 건물을 지었다. 1908년(순종 2년, 융희 2년) 10월 21일, 500년간 사용된 종로(鐘路)의 전옥서(典獄署) 감옥에 수감되어 있던 기결수를 옮겨 와 경성감옥(京城監獄)이라 하였다. 한국의 독립 운동가들을 많이 투옥하면서 수용할 공간이 부족하자, 1912년에 현재의 서울 마포구 공덕동 자리에 다른 감옥을 짓고 경성감옥이라고 이름을 붙이면서 9월 3일 구(舊) 경성감옥을 서대문감옥으로 개칭하였다. 1918년부터 서대문감옥은 형무관(刑務官)을 양성하는 곳도 겸하게 되었다.

1923년 5월 5일에는 서대문형무소로 개칭하였다. 서대문형무소는 1935년에 미결수를 구금하는 구치감 시설도 갖추었는데, 광복 직전인 1944년에는 2,890명이 수용되어 있었다. 일제 때 이곳은 여느 감옥과는 달리 우리나라 18세 미만의 소녀수(少女囚)를 모두 수감하고 있었기 때문에, 3·1 운동 때 유관순(柳寬順) 열사도 구금되어 악형(惡刑)에 시달린 끝에 순국하였다. 또한 전국의 10년 이상이나 무기형(無期刑)을 언도받은 기결수가 수감되어 있었던 점도 특색이었다. 1919년 3·1 운동 때에는 민족 대표 33인을 비롯하여 수많은 애국 시민과 학생들이 이곳에 투옥되었다.

옥사(獄舍)는 모두 15개동이 있었으나 현재는 보존 가치를 고려하여 제9·10·11·12·13 옥사와 중앙사, 나병사(癩病舍)를 보존하였다. 1988년 2월 20일, 그 중에서 김구(金九), 강우규(姜宇奎), 유관순 등이 옥고를 치른 제10·11·12사의 감옥 건물과 사형장이 사적 제324호로 지정되었다. 1988년부터 공원 조성 공사를 시작하여 1992년 8월 15일 제47주년 광복절을 맞아 '서대문독립공원'으로 개원하였다. 1995년에는 정부 수립 50주년 기념으로 망루와 시구문 등을 원형대로 복원하고 '서대문형무소 역사관'의 공사를 진행하는 등, 서대문독립공원 사적지에 대한 성역화 사업에 착수했다. 1998년 11월 5일에 '서대문형무소 역사관'이 개관했다.

유관순 열사 해적이

박은화 집필

유관순은 한자로 「柳寬順」(족보, 본인 진술 기록)인데, 「柳冠順」(호적)이라고도 쓴다.
난　곳 : 충청남도 천안시 동남구 병천면 용두리 338번지
난　때 : 1902년 12월 16일(음력 11월 17일)
순국일 : 1920년 9월 28일
가　족 : 친할아버지 유윤기(柳潤基), 아버지 유중권(柳重權), 어머니 이소제(李少悌).
　　　　언니 유계출(柳癸出), 오빠 유우석(柳愚錫), 남동생 유인석(柳仁錫), 유관석(柳冠錫).
　　　　작은아버지 유중무(柳重武), 사촌 오빠 유경석(柳京錫), 사촌 언니 유예도(柳禮道).

1902년(고종 39년, 광무 6년, 1세) 12월 16일(음력 11월 17일), 고흥 유씨 26대 손 유중권과 전주 이씨 이소제의 3남 2녀 중 둘째 딸로 태어나다.
1904년(고종 41년, 광무 8년, 3세) 12월 7일, 첫째 남동생 유인석이 태어났다.
1905년(고종 42년, 광무 9년, 4세) 제2차 한일협약(을사조약, 을사늑약)이 체결되어 외교권을 빼앗기고 내정 간섭을 받게 되었다.
1907년(고종 44년, 광무 11년, 6세) 헤이그밀사사건(海牙密使事件)으로 고종 임금 하야하였고, 순종 임금 등극(순종 원년, 융희 원년)하였다.
　　　　8월, '충남 목천 이동면 대지령 야소교당'의 이름으로 82명의 교인과 동리민이 국채보상운동에 참여하였다. 그 중 유중무, 조인원(趙仁元) 등 아우내 4·1 만세 운동 주역들이 이 운동에 참여하였다. 유관순의 아버지 유중권도 아들 유우석의 이름으로 의연금을 내 동참하였다.
　　　　11월, 교인과 동네 사람들이 국채보상운동에 참여한 것에 대한 보복으로 일본군이 1901년경에 세워진 지령리교회(매봉교회)를 방화하였다.
1908년(순종 2년, 융희 2년, 7세) 9월 27일, 목천군(1963년 천안시와 통합되기 이전의 병천면, 목천면, 성남면, 수신면 등의 일대를 가리킴)에 '기호흥학교'가 설립되었다. 당시 목천군에는 보명학교·수신학교·녹동학교·진명학교·장명학교·명진학교·병진학교·흥호학교 등 많은 학교가 세워졌으며, 계몽 운동을 활발히 전개하였다.
　　　　유관순의 집안 할아버지인 유빈기(柳斌基)가 세브란스 의사인 케이블(E. M. Cable) 선교사, 유중무, 조인원 등과 함께 매봉교회를 재건하였다. 전통적인 유학 가정이었던 유관순 집안이 유관순의 친할아버지 유윤기와 작은아버지 유중무가 기독교를 받아들임으로써 기독교 가정이 된다.

유관순은 작은아버지가 선교사로 있는 매봉교회에 다녔으며, 샤프(Robert Arthur. Sharp, 1872~1906) 선교사 부인이며 선교사인 엘리스 샤프(Mrs. Alise H. Sharp, 1871~1972)를 통해 잔 다르크에 관한 책 등을 읽으면서 기독교에 대한 큰 영향을 받으며 성장하게 된다.

1910년(순종 4년, 융희 4년, 9세) 8월 29일, 일제는 대한 제국을 강제 합병한다.

    언니 유계출이 시집 가다. 사촌 오빠 유경석(유중무의 장남)이 공주 영명학교에, 조병옥(趙炳玉 ; 조인원의 아들)은 평양 숭실학교에 입학하였다.

1911년(10세) 1월 10일, 막내 남동생 유관석이 태어났다.

1914년(13세) 7월 28일, 제1차 세계 대전이 일어났다.

1915년(14세) 엘리스 샤프 선교사의 추천을 받는다.

    4월 1일, 이화학당 보통과 2학년으로 편입학하였다.

    4월, 이 달부터 1919년 3월 초까지, 이화학당 재학 시절 정동제일교회에 출석하였다.

    4월, 이 달부터 1918년 5월까지, 유관순은 정동제일교회 손정도 담임목사의 설교를 들으면서 사상적 영향을 많이 받게 된다.

    이 해에, 정동제일교회의 김종우 부목사가 인도한 이화학당 초청 부흥회에서 설교와 기도를 통해 유관순은 감화를 받게 된다.

1916년(15세) 오빠 유우석이 공주 영명학교에 입학하였다.

    4월 3일, 사촌 오빠 유경석이 노마리아와 결혼하였다.

1917년(16세) 유경석과 노마리아 사이에서 조카 유제경(柳濟敬)이 출생하다. 유관순은 조카를 위해 삼색무명 유아여름용 모자를 손수 떠주었다.

1918년(17세) 3월 18일, 이화학당 보통과 졸업하다.

    4월 1일, 이화여자고등보통학교 1학년에 진학하다.

    6월, 이 달부터 1919년 3월 초까지, 유관순은 독립 선언서에 민족 대표로 서명 참여한 정동제일교회 이필주 담임목사와 박동완 전도사의 설교를 들으면서 영향을 받게 된다.

    10월, 이 달부터 스페인 독감의 대유행으로 한국인 전체 인구의 3분의 1인 742만 2,113명의 환자가 발생하여 13만 9,128명이 사망하였다.

    11월 11일, 제1차 세계 대전이 끝났다.

1919년(18세) 1월 22일, 고종 임금(광무황제)이 갑자기 승하하였다.

    2월 8일, 동경 유학생 400여 명이 동경의 조선기독교청년회관에서 독립 선언을 하였다(2·8 독립 선언).

    2월 28일, 이화학당의 이문회(以文會 ; 하란사 선생과 이성회 선생 등이 지도한 학생 자치 조직으로서 매주 금요일 열리며, 사회 저명 인사를 초빙하여 시국에 대한 강연을 듣기도 하고 토론하기도 하는 정규 모임)에서도 3·1 운동에 참여를 결의하였다.

    이문회 회원인 유관순은 친구들과 5인의 비밀 결사대(서명학, 김복순, 김희자, 국현숙)를 조직하였다.

    3월 1일, 3·1운동이 일어났다. 비밀 결사대의 일원으로, 유관순은 학교 담을 넘어 시위 운동에

참여하고 학교로 무사히 돌아 왔다. 3시 반경, 많은 사람과 학생들이 이화학당으로 몰려와 만세를 불렀다.

　3월　2일, 이화학당 학생 김마리아는 이화학당 선생 박인덕, 동경 유학생 나혜석 등 10여 명이 애국부인회의 첫 모임을 박인덕의 기숙사 방에서 가졌다.

　3월　3일, 고종 임금의 국장이 거행되었다.

　3월　4일, 이화학당 기숙사 박인덕의 방에서 애국부인회 제2차 모임이 있었다. 여기서 동맹 휴학을 결정하였다(이화 4명, 정신 2명, 진명 2명, 나혜석 등 11명 참석). 그 11명은 박인덕, 황애시덕, 김마리아, 김하루논, 손정순, 안숙자, 신체르노(안병수), 박승일, 나혜석, 황애스더, 신준려 등이다.

　3월　5일, 대한문 앞에서의 만세 시위에 가담하였다가 남산에 위치한 왜성대(倭城臺)의 경무총감부에 체포되었으나 곧 풀려났다.

　3월　10일, 전국 각급 학교에 휴교령이 내려졌다.

　3월　13일, 서울에서 천안까지 기차로 왔다. 이 때 기차 소리를 유관순의 친구인 이정수가 '동전 한 닢, 동전 두 닢' 같이 들린다고 하였더니, 유관순은 '대한 독립, 대한 독립' 같이 들린다고 말하는 바람에 잠시 차장과 실랑이가 일었다. 유예도는 이 때 학교 선배 그룹으로부터 독립운동 자금 모금의 사명을 받았다고 하였다. 일본 경찰 신문 조서에 의하면, 애국부인회원인 나혜석은 개성과 평양 방면으로 모금하러 갔다.

　3월　14일, 이 날부터 3월 31일까지, 유관순은 아우내 만세 운동을 준비하였다. 이 때 유관순과 유예도가 아우내 만세 운동에서 사용할 태극기를 만들었다.

　3월　15일, 오후 4시 목천보통학교 학생 120여 명이 교정에서 만세 시위 운동을 하였다.

　3월　20일, 입장면 양대리에서 70명이 만세 시위 운동을 펼쳤다.

　3월　29일, 천안군 전체에서 3,050여 명이 만세 시위 운동을 펼쳤다.

　3월　30일, 천안군 풍세면에서 300여 명이 만세 시위 운동을 펼쳤다.
천안군 입장면에서 300여 명이 만세 시위 운동을 펼쳤다.

　3월　31일, 유관순은 매봉산에 봉화를 올려 4월 1일의 만세 시위를 알렸다(그 후 횃불낭자로 불리게 된다).

　4월　1일, 이 날 오후 1시 아우내 장터에서 유관순은 아버지 유중권, 어머니 이소제, 선교사인 작은아버지 유중무, 지령리교회 속장 조인원 등과 함께 만세 시위 운동을 주도하였다. 이 때 유관순은 독립 선언서를 낭독하였다.
이 날 시위에서 유관순의 아버지 유중권과 어머니 이소제 등 일본 왜병의 총에 순국한 사람은 모두 19명이고, 30여 명이 부상을 입었다. 그리고 유관순, 유중무, 조인원, 김용이, 김교선, 한동규 등 16명이 체포되었다.
충남 천안군 갈전면 병천리에서 3,000여 명이 만세 시위 운동을 펼쳤다.
오빠 유우석도 공주 영명학교의 만세 시위 운동을 주도하다 체포되었다.

　5월　9일, 유관순은 공주지방법원에서 5년형을 선고받았다.

    5월 19일, 유관순의 친할아버지 유윤기가 돌아갔다. 그래서 아우내 만세 운동으로 부모를 동시에 잃고 형과 누나와 작은아버지 유중무가 체포되어 두 동생 유인석과 유관석은 의지할 곳 없는 고아나 다름이 없게 되었다.
    6월, 아우내 만세 주역들은 일제에 의해 경성복심법원에 항소되었다.
이에 따라 유관순과 이들은 서대문감옥으로 이감되었다.
    6월 30일, 경성복심법원에서 3년형을 언도받았다. 다른 이들은 고등 법원에 상고하였으나, 유관순은 "지금 조선 천지에 감옥 아닌 곳이 어디냐?"라며 상고하지 않았다.
    8월 29일, 오빠 유우석은 공주 법원에서 징역 6월에 집행 유예 2년을 선고 받았다.
    9월 11일, 유관순을 제외한 병천과 수신·성남 지역 시위 주도자들의 상고가 고등 법원에서 각각 기각되었다.

1920년(19세) 3월 1일, 오후 2시 3·1절 1주년을 맞아 유관순, 이신애, 어윤희, 박인덕 등은 서대문형무소에서 기념식을 갖고, 옥중 만세 시위를 주도하였다. 3,000여 수감자가 호응하였다. 유관순은 이로 말미암아 받은 고문으로 방광이 터져 결국 순국하게 되고, 이신애는 유방이 파열되기까지 하였다.
    4월 28일, 고종황제의 아들 영친왕과 일본인 이방자 여사의 결혼 기념 특별 사면령으로 유관순의 형기가 1년 6개월로 단축되었다. 또한, 공주형무소에 수감 중이던 유관순의 오빠 유우석도 풀려났다.
    9월 28일, 오전 8시 20분경 유관순은 서울 서대문감옥에서 순국하였다.
    10월 12일, 이화학당 월터(자네트 A. Walter) 당장서리 선생과 김현경 선생과 오빠 유우석에 의해 이화학당으로 시신을 모시었다. 이 때 이미 시신은 악취가 날 정도로 부패하였다. 이화학당에서 수의를 해 입혔다.
    10월 14일, 정동제일교회 김종우 담임목사의 집례로 장례식이 거행되어 이태원 공동묘지에 안장하였다.

1923년, 오빠 유우석과 조화벽이 결혼하여 두 동생 유인석과 유관석을 돌보게 된다.
1946년 3월 1일, '삼일절 노래'(정인보 작사, 박태현 작곡)를 지어 기념식에서 부르다.
1947년 9월 1일, 류관순열사기념사업회 창립하다.
    11월 26일, 류관순열사기념사업회에서 아우내 장터가 내려다 보이는 구미산에 아우내 독립 만세 운동 기념비를 건립(시 정인보, 김충현 글씨)하였다.
1951년, 순국의열사심사위원회에서 유관순 열사가 순국의열사로 선정되다.
1952년, '유관순 노래'(강소천 작사, 나운영 작곡)를 지어 부르다.
1959년, 이화여자고등학교에서 유관순 열사 영정 제작(김인승 화백) 설치하다.
1962년 3월 1일, 대한민국 정부에서 유관순 열사에게 건국훈장 독립장을 추서하였다.
1963년 3월 1일, 대한민국 정부에서 유관순 열사의 부친 유중권과 모친 이소제에게 대통령 표창을 추서하였다.
1967년, 유관순 열사가 다니던 매봉교회를 이화학당 친구인 서명학 이화여자고등학교 교장이 건립하였다.

1970년 10월 12일, 애국선열조상건립위원회에서 장충단공원에 유관순 열사 동상(김세중 조각가, 글 서명학, 이기우 글씨, 최준문 전면글씨) 건립하였다.
　　어린이대공원 내 유관순 동상 건립(이순석(비요르 요셉) 조각가)하였다.
1972년, 추모각 건립하였다.
　　10월 14일, 유관순 열사 사적지(즉 추모각, 생가, 봉호터 등)가 사적 제230호로 지정되었다.
1973년, 유관순 열사 동상을 아우내장터에 세우다(1984년 2월에 아우내 중학교로 이전하다).
1974년 3월 25일(음력 3월 1일), 이화여자고등학교에 유관순기념관 준공하였다.
　　(이화여자고등학교에서는 유관순 열사가 빨래하던 우물을 보존하고 있다.)
1977년 3월 1일, 대한민국 정부에서 유관순 열사의 작은아버지 유중무와 사촌 언니 유예도에게 대통령표창을 추서하였다.
　　10월 12일, 봉화대와 봉화탑 건립(봉화탑 찬가: 시 이은상, 글씨 김기승)하였다.
1982년 3월 1일, 대한민국 정부에서 유관순 열사의 오빠 유우석에게 건국포장을 추서하였고, 유우석의 부인 조화벽에게 대통령표창을 추서하였다.
　　10월, 유관순 열사의 모습이 담긴 보통우표(100원짜리)가 발행되다.
1983년 10월 12일, 유관순 열사 유적지 내에 유관순 열사 동상 건립(이종각 조각, 시 유제한, 인영선 글씨)하였다.
1986년 8월 15일, 유관순 열사의 표준 영정이 제작(장우성 화백)되다.
1987년 8월 15일, 독립기념관 개관하다.
1988년 8월 15일, 독립기념관 내에 유관순 열사 어록비를 세우다.
1989년 10월 12일, 초혼묘 건립하였다.
1990년 3월 1일, 대한민국 정부에서 유관순 열사의 오빠 유우석에게 건국훈장 애국장을 추서하였고, 유우석의 부인 조화벽에게 건국훈장 애족장을 추서하였다. 그리고 작은아버지 유중무와 사촌 언니 유예도에게도 건국훈장 애족장을 추서하였다.
1991년 3월 1일, 대한민국 정부에서 유관순 열사의 부친 유중권과 모친 이소제에게 건국훈장 애국장을 추서하였고, 아우내 만세 운동에 함께한 조인원에게도 건국훈장 애국장을 추서하였다.
　　12월 30일, 유관순 열사 생가 복원(생가비문: 시 박화성, 글씨 이철경)하였다.
1994년 11월 30일, 유관순 열사 사적지 옆에 아우내 (실내)체육관을 건립하였다.
1996년 5월 1일, 이화여자고등학교에서 명예졸업장을 추서하였다.
1998년 11월 5일, 서대문형무소 역사관 개관하였다.
　　유관순 기념 매봉교회가 현재의 모습으로 준공하였다.
2000년 1월, 천안시 공모에서 천안시 마스코트 애칭이 횃불낭자로 결정되었다.
　　5월, 「유관순 상」(한국 최고 여성상)을 충청남도·이화여고·동아일보 공동 추진 합의하다.
　　10월 12일, 백석대학교 유관순연구소 설립하였다.
2001년 7월 30일, '유관순 상 운영·지원조례' 제정하다.

          7월 31일, 천안종합운동장 내에 체육관 개관 후 9월에 유관순체육관으로 명명하다.

          11월 13일, 류관순열사기념사업회가 사단법인으로 발족되다.

2001년 8월 29일, '유관순 상 위원회' 구성, '유관순 상 운영 규정' 제정하다.

2002년 3월 29일, 「유관순 상」 제 1회 시상(1년에 한 번)하다.

          10월 11일, 백석대학교 유관순연구소와 류관순열사기념사업회 주최로 '유관순 열사 탄신 100주년 기념 국제학술대회'를 개최하다.

          10월 28일, 「유관순 횃불상」 신설하다.

          이 해부터, 유관순 열사가 직접 뜬 삼색무명유아여름용 모자 유품이 백석대학교 유관순연구소에 소장되고 있다.

2003년 3월 31일, 「유관순 횃불상」 제 1회 시상(1년에 한 번)하다.

          4월 1일, 유관순 열사 기념관 개관하고 타임캡슐을 봉안하다.

          8월, 유관순 학교(1년에 한 번, 유관순 연구소 주최) 열리다.

          이 해에 아우내 만세 운동 발생지 작품(김영석 작가)을 아우내문화원에 설치하다.

2006년 5월 31일, 개교 120주년을 맞아 이화여자고등학교 교정에 유관순 동상 제막(동문 전숙희 기증, 동문 강은엽 조각, 서시 문정희, 글씨 이화자), 이화박물관 개관(유관순 교실 등 전시)하였다.

          6월 4일, 천안마라톤대회 명칭이 제 3회 류관순 마라톤대회로 변경 개최되다.

          6월 20일, 천안 유관순 열사 사적지 진입로인 열사의 거리 준공되다.

          10월 14일, 공주 영명중·고등학교 내 유관순 열사 흉상 건립(차상권 조각가)하였다.

2007년 2월 28일, 유관순 열사 새 표준 영정(윤여환 화백) 봉안하였다.

2008년 2월, '한국 100대 인물 메달'(한국조폐공사) 중 1차 메달 인물로 광개토대왕과 유관순 열사가 제작되다.

2009년 9월 3일, 아우내 독립 만세 운동 순국자 추모각 건립하였다.

          10월 9일, 아우내 독립 만세 운동 기념공원을 준공하다. 아우내 만세 운동 발생지 작품(김영석 작가)을 아우내문화원에서 아우내기념공원으로 이전 설치하고, 그 외에 그날의 함성(동상:박민섭 작가, 벽화: 작가 문병식) 등 다른 작품들도 설치되다.

2010년 7월 20일, 천안 일봉산 사거리에 유관순 열사 동상 제막하였다.

          10월 5일, 백석대학교 유관순연구소와 류관순열사기념사업회 주최로 '유관순 열사 순국 제90주년 기념 국제학술대회'를 개최하다.

한 번에 읽는 유관순 열사의 생애
[1902년~1920년=19세]

어린 시절

유관순은 1902년 12월 16일 충청남도 목천군 이동면 지령리(현 천안시 병천면 용두리)의 작은 마을에서 고흥 유씨 26대 손 유중권과 전주 이씨 이소제의 삼남 이녀 중 둘째 딸로 태어났다. 형제로는 언니 유계출, 오빠 유우석, 남동생 유인석, 유관석이 있다.

전통적인 유학 가정에서 태어난 유관순은 친할아버지 유윤기와 작은아버지 유중무가 기독교를 받아들임으로서 어린 시절 기독교를 만나게 된다. 유관순이 어린 시절 출석하던 지령리교회(매봉교회)는 1901년경에 설립되었으며, 1907년 8월 국채보상운동에 동참하는 등 애국 운동을 펼치자, 그 해 11월 일병의 방화에 의해 소실되었다. 그 뒤 유관순의 집안 할아버지인 유빈기가 케이블 선교사와 함께 고향으로 돌아와 유관순의 작은아버지인 유중무, 조인원 등과 1908년 이 교회를 재건하였다. 유관순은 작은아버지 유중무가 선교사로 일하는 지령리교회에 출석하면서 샤프 선교사 부인인 엘리스 샤프 선교사를 통해 잔 다르크에 관한 책 등을 읽으면서 기독교에 대한 큰 영향을 받으며 성장하게 된다.

그 당시 목천군 일대는 산세가 험한 곳으로 일본에 의해 해산된 군인이 활발히 활동했던 지역이었다. 유관순은 그 외에도 이 지역에서 국채보상운동과 같은 애국 운동뿐만 아니라 독립군 활약상을 자주 보고, 들으며 자라났다.

더구나 한번 옳다고 생각하는 일은 굽히지 않고 관철하고야마는 성격을 지닌 유관순은 이러한 성장 과정을 통해 배일사상을 싹틔웠으며, 기울어가는 조국의 국권회복을 위하여 희생해야 한다는 굳은 의지와 신념을 키우게 되었다.

이화학당 시절

유관순은 공주 영명학교를 세운 샤프 선교사 부인인 엘리스 샤프 선교사의 추천으로 사촌 언니인 유예도와 함께 미션스쿨인 이화학당에 편입학하게 되었다.

이화학당 시절 정동제일교회에 출석하며, 유관순은 1915년 4월부터 1918년 5월까지 시무했던 손정도 담임 목사의 설교를 듣고 사상적 영향을 많이 받는다. 그리고 정동제일교회 김종우 부목사가 인도한 이화학당 초청 부흥회에서 설교와 기도를 통해 깊은 감화를 받게 된다. 또한 1918년 6월부터 1919년 3월 초까지 시무했던 독립 선언서에 민족 대표로 서명한 이필주 목사와 박동완 전도사의 설교를 들으며 영향을 받게 된다.

유관순은 학교 생활에서도 매우 모범적이었다. 동료와 선생님들로부터 사랑을 받음은 물론, 무슨 일이든지 솔선수범하였으며, 남을 위해 돕는 일에는 언제나 가장 먼저 앞장을 섰다. 또한 유관순은 매우 적극적인 성격의 소유자였다. 한번은 친구와 한밤중에 태극기를 70여 장이나 그려서 서양 선교사의 방과 기숙사 학생들의 방, 그리고 교실마다 붙였다. 이로 인해 다음날 소동이 일어났으나, 이 사건을 계기로 정확한 태극기 그리는 법을 배우게 되었다.

이 당시 일제는 가는 곳마다 만행을 서슴지 않고 저질렀다. 심지어는 가장 신성해야 할 교회에서조차 칼을 차고 들어와서, 보는 이로 하여금 비분을 금치 못하게 하였다. 바람 앞의 등불처럼 쓰러져 가는 나라의 운명을 일깨우기 위해, 이화학당에서는 매주 금요일 저녁 이문회(하란사 선생과 이성회 선생 등이 지도한 학생 자치 조직)를 통해 사회 저명인사를 초빙하여 시국에 대한 강연을 듣기도 하고, 토론을 하기도 하였다. 이러한 환경에서 성장하던 유관순은 5인의 결사대에 참여하여 조국 광복을 위한 활동을 시작하였다.

3·1 만세 운동과 3·5 만세 운동

1919년 1월 22일 고종의 승하는 전 민족을 울분의 도가니에 빠지게 만들었으며, 이화학당의 학생들은 자진해서 상복을 입고 휴교에 들어가게 되었다. 결국 국민의 울분은 3·1 운동을 촉발하기에 이르렀다.

당시에 수많은 학생들은 연합하여, 서울 지역에서 일어난 3월 1일 만세 운동과 3월 5일에 일어난 대한문 앞에서의 만세 시위 운동에 주도적으로 참여하였다. 이화학당의 이문회에서도 2월 28일 열린 정기모임에서 3월 1일에 전교생이 소복을 입고 대한문 앞에 나가 망곡을 하고, 만세 대열에 참여한다는 것을 결의하였다.

학교 측은 이문회의 이러한 결정을 미리 알아차리고, 수위로 하여금 문을 잠그게 하였으며, 선생님들이 교정 곳곳에서 지켰으나, 15명 정도가 수위를 밀치고 틈새로 빠져 나가 군중과 합세하였다. 학생들 가운데 일부는 비밀 결사대를 조직하여 3·1 만세 운동에 적극적으로 참여하였으며, 유관순도 이 비밀 결사대의 일원으로 참여하였다.

유관순을 비롯하여 학우 5인의 결사대는 기숙사 뒷담을 넘어 탑골공원으로 가서 만세를 불렀다. 3월 5일 대한문 앞에서의 만세 시위에서 유관순도 남산에 위치한 왜성대의 경무총감부에 체포되었으나, 곧 석방되었다. 일제가 학생들의 맹렬한 시위에 놀라, 3월 10일 전국적으로 휴교령을 내리자, 유관순은 고향으로 내려왔다.

고향으로 내려오는 기차에서, 덜컹거리는 기차 소리를 친구들이 '동전 한 닢, 동전 두 닢'하는 것 같다고 하자, 유관순은 '대한독립! 대한독립!'하는 소리로 들린다고 했다는 일화가 전해지고 있다.

아우내 만세 운동

고향에 내려온 유관순은 이제 고향 사람들에게도 만세 시위의 불을 지펴야겠다고 마음먹고, 우선 교회 어른들이 모인 자리에서 그동안 서울에서 있었던 사실을 자세히 이야기하며, 숨겨 왔던 독립 선언서를 내어 놓았다.

거사일은 아우내 장터의 장날인 음력 3월 1일(양력 4월 1일)로 잡았다. 사촌 언니 예도와 같이 유관순은 한편으로는 시위 준비를 하면서, 자신은 일경의 눈을 피해 지역의 유지들은 물론 교회와 이웃 지역까지 찾아다니며 만세 운동에 참가하도록 설득하였으며, 이 거사를 위해 밤새도록 태극기를 만들었다. 태극기를 그린다는 것은 매우 비밀스러운 작업이었을 뿐만 아니라, 태극기를 그릴 수 있는 사람이 유관순과 유예도 뿐이었으므로 두 사람이 전담하여 밤을 새워 가며 그리게 되었다.

유관순은 거사 전날 3월 31일에 매봉산에 봉화를 올려 4월 1일의 만세 시위를 알렸다. 그 이후 '횃불낭자'로 불리게 된다.

4월 1일 아우내 장날 아침, 거사를 미리 알고 찾아온 군중과 장사꾼으로 아우내 장터는 민족혼이 충만했다. 유관순은 군중들의 행렬을 정돈하며, 길목에서 광주리에 숨겨온 태극기를 치맛주름에 감추어 일일이 나누어 주고, 행렬의 선봉에 서서 소리 높여 독립 만세를 부르짖었다. '프랑스의 순국소녀 *잔다르크(Jeanne d'Arc)*처럼 국가를 위할 수 있는 인간이 될 수 있도록 이끌어 달라'고 기도하던 평소의 꿈을 실현하고자 하였다. 행렬을 이끌며 앞으로 앞으로 전진하였다. 행렬이 장터 복판에 이르자 쌀 섬 위로 올라가 우리의 독립의 중요성과 반드시 독립을 쟁취해야 함을 연설하며, 군중을 독려하였다.

> "여러분! 우리는 반만 년의 유구한 역사를 가진 나라입니다. 그러나 일본은 우리나라를 강제로 합방하고도 온 천지를 활보하며, 우리에게 가진 학대와 모욕을 가하였습니다. 10년 동안 우리는 나라 없는 백성이 되어 온갖 압제와 설움을 참고 살아왔지만 더 이상 참을 수 없습니다. 우리는 나라를 다시 찾아야 합니다. 우리는 '독립 만세'를 불러 나라를 찾읍시다."

곧 이어 조인원이 태극기를 세우고, 눈을 부릅뜨며, 독립 선언서를 낭독한 뒤, 독립 만세를 외쳤다. 만세 소리는 천지를 진동하였고 감격과 흥분에 휩싸인 군중들은 만세를 부르며 가두 행진을 벌였다.

어느새 이 소식을 듣고 달려온 일본 헌병의 저지에도 불구하고, 만세 운동은 계속되었다. 이 시위에서 유관순의 부모님은 왜병의 총을 맞아 현장에서 순국하였다. 결국 유관순은 사랑하는 부모님 두 분을 모두 잃고 말았다. 또한 유관순, 유중무, 조인원 등은 일본군에 체포되었다. 그리고 이 날 공주 영명학교의 만세 시위 운동을 주도하던 오빠 유우석도 체포되었다.

마지막 만세

유관순은 천안 헌병대를 거쳐서 공주 재판소로 넘어갔다. 공주에 수감되어 있을 때에는 공주 영명학교에서 만세를 주동하여 체포된 오빠 유우석을 만나기도 하였다.

일경은 유관순에게 갖은 고문을 하였다. 처음에는 어린애로 생각하고 배후를 추궁해 보았으나, 굳게 다문 그의 입술은 주모자가 자기라는 것 외에는 더 말하지 않아 아무 비밀도 알아낼 수가 없었다. 그녀는 법정에서 이렇게 말했다.

> "나는 대한의 백성이다. 너희들은 우리 땅에 와서 우리 동포들을 수없이 죽이고 나의 아버지와 어머니를 죽였으니, 죄를 지은 자는 바로 너희들이다. 우리들이 너희들에게 형벌을 줄 권리는 있어도, 너희는 우리를 재판할 그 어떤 권리도 명분도 없다."

유관순은 1심 재판에서 비록 나이 어린 학생이었으나, 아우내 만세 운동의 주모자로 보아 5년형을 받았다.

그 해 5월 9일 공주지방법원의 판결에 이어, 중형을 받은 사람은 모두 다시 경성복심법원으로 넘겨졌다. 마지막으로 그녀는 서대문형무소에 수감되었다. 이곳에서 유관순은 이화학당의 스승인 박인덕 선생을 만났으며, 이신애를 만나기도 하였다. 그 해 6월 30일 경성복심법원은 초심법원인 공주지방법원의 판결에 대해 일부 무혐의 처리를 하고, 형을 감량하여 징역 3년을 언도하였다. 유관순은 안중근(1879. 9. 2~1910. 3. 26) 의사가 여순에서 상고를 포기하고 1심만으로 사형을 맞은 것과 같이 일본인의 재판을 거부하여 고등법원에 상소함을 포기하였다.

유관순은 일본인들이 판치는 이러한 세상에서는 삶의 가치를 찾을 수 없다는 마음으로 죽음을 각오하고, 옥중에서도 조석으로 만세를 외치며, 동지들을 격려하고, 고무하였다. 유관순은 그때마다 죽도록 매를 맞았으나, 끝내 굽히지 않았다. 더욱이 1920년 3월 1일이 되자, 3·1 만세 운동 1주년을 기념하여 옥중에서도 만세를 주동하여 일본인의 간담을 서늘하게 하였다.

1920년 3월 28일 고종황제의 아들인 마지막 황태자 영친왕의 일본인과의 결혼을 기념하여 모든 수형자의 형기를 반으로 줄이어 출옥시켰다. 이날 공주형무소에 수감 중이던 유관순의 오빠 유우석도 풀려났다. 그리고 이때 유관순의 형기도 1년 6개월로 단축되었다.

그러나, 유관순은 독립 선언서의 '공약삼장'인,

> 하나. 오늘 우리의 이 거사는 정의, 인도, 생존, 존영을 위하는 겨레다운 요구이니, 오직 자유스런 정신을 발휘할 것이요, 결코 배타적인 감정으로 일주하지 말라.
> 하나. 최후의 한 사람까지, 최후의 일각까지 겨레의 정당한 의사를 쾌히 발표하라.
> 하나. 온갖 행동은 가장 질서를 존중하여, 우리의 주장과 태도를 어디까지나 광명정대하게 하라.

는 뜻을 끝까지 지키다 결국은 오랫동안 계속된 고문과 영양실조로, 마침내 1920년 9월 28일 오전 8시 20분 서대문형무소에서 그렇게도 목메어 외치던 조국의 독립을 보지 못한 채 꽃다운 나이 19세에 어두운 감방에서 순국하였다.

1920년 10월 12일 이화학당 월터 당장(서리) 선생과 김현경 선생과 오빠 유우석 등이 유관순의 시신을 수습하여 이화학당으로 옮겨 온다. 그리고 출옥일로부터 삼일 째 되는 1920년 10월 14일 정동교회 김종우 목사의 집례로 장례식이 거행되어 이태원 공동묘지에 안장하였다. 그러나 이후 아쉽게도 유관순의 무덤은 훼손되어 찾지 못하였다.

그 후 1962년 3월 1일, 국가에서는 유관순에게 대한민국 건국공로훈장을 수여하고, 1972년에는 열사의 정신을 후세에 길이 전하기 위하여 추모각을 건립하였으며, 그 해 10월 14일 유관순 열사 사적지(즉 추모각, 생가, 봉호터 등)를 사적 제 230호로 지정하였다.

참고 문헌

구석봉 : 한국사를 뒤흔든 여인들(을유문화사, 1995)
김경탁 : ≪주역(周易)≫(명문당, 1988, 2011)
김기창 : 「유관순 전기문(집)의 분석과 새로운 전기문 구상」≪유관순 연구 제2호≫(백석대학교 유관순연구
　　　　　소, 2003)
김진봉 : ≪3·1운동≫(세종대왕기념사업회, 1989)
박종국 : ≪세종성왕(겨레의 큰 스승)≫(세종학연구원, 2008)
박충순 : 「유관순과 3·1 운동」≪유관순 연구 창간호≫(백석대학교 유관순연구소, 2002)
　　　　　「유관순의 사상형성 배경 연구」≪유관순 연구 제5호≫(백석대학교 유관순연구소, 2006)
유제한 : <순국처녀 유관순전>(미간행 원고, 1948년 이전)
이정은 : ≪불꽃같은 삶, 영원한 빛 유관순≫(사단법인 류관순열사기념사업회, 2004)
이화100년사편찬위원회(공저) : ≪이화백년사≫(이화여자대학교출판부, 1994. 5. 30)
임명순 : 「유관순 열사 1심 형량 관계 <형사사건부>」≪한국독립운동사연구 28집≫(독립기념관 한국독립운동
　　　　　사연구소, 2007)
장종현 : 「애국열사 연구로 기독정신 확산」(기독교연합신문, 2000. 10. 22)
　　　　　≪유관순 이야기(독립을 향한 당당한 외침)≫(웅진주니어, 2010)
홍석창 : 「매봉교회가 낳은 민족의 보배 유관순」(한국감리교회사학회, 2004)

<고흥유씨파보(高興柳氏派譜)>(1936, 1979)
경성복심법원 판결문, 대정 8년 공 제172호
≪大韓의 딸 烈士 柳寬順 제9호≫(사단법인 류관순열사기념사업회, 2011)
조선 총독부 재판소, 형사사건부 118
유관순 열사 수감기록표, 서대문형무소